ONLINE-VIDEOS

Die Videos zu diesem Buch stehen in deiner Digitalen Bibliothek unter **www.topp-kreativ.de/digibib** nach erfolgter Registrierung zum Anschauen bereit. Den Freischalt-Code findest du im Impressum.

Dieses Symbol zeigt dir, wo ein Video zur Verfügung steht.

TANJA HILTEBRAND

LÄSSIGE STYLES FÜR KIDS NÄHEN

TANJA HILTEBRAND

LÄSSIGE STYLES FÜR KIDS NÄHEN

MIT VIDEOS UND PLOTTERMOTIVEN

nipnaps.ch

OUTFITS IN DEN GRÖßEN 128–176

22

12

INHALT

» PLOTTERMOTIVE ZUM DOWNLOAD

In deiner digitalen Bibliothek unter **www.topp-kreativ.de/digibib** kannst du nach erfolgreicher Registrierung die Plottermotive herunterladen. Den Code zum Freischalten findest du im Impressum auf Seite 127.

» DAS SIND WIR, DIE NIPNAPS-CREW. MEINE BEIDEN GIRLS, MIA (LINKS) UND NATASHA (RECHTS) INSPIRIEREN MICH JEDEN TAG, NEUE SCHNITTE, STOFFE UND PLOTTER-DATEIEN ZU ENTWERFEN.

VORWORT

Die Zeit vergeht wie im Fluge, wenn man Spaß hat. Das stelle ich jeden Tag fest, wenn ich beobachte, wie schnell meine Kinder wachsen und ihre eigene Meinung vokalisieren. Vor Kurzem war die Kleine über jedes bunte Kleidungsstück überglücklich – je bunter desto besser. Aber so schnell, wie sie wachsen, ändern sich auch die Vorlieben, und schon bald ist es einfach nicht mehr „cool", in kunterbunten Kleidern gesehen zu werden. Dann wollen sie selber bestimmen, was sie anziehen. Es muss natürlich cool und bequem sein und schnell an- und auszuziehen, es bleibt schließlich keine Zeit für Knöpfe und fummeligen Krimskrams, man hat andere Pläne, die nicht warten können, draußen, mit den Freunden auf dem Fahrrad die Nachbarschaft erkunden, im Freien spielen, eine Burg bauen und Dinosaurierknochen suchen … Die Liste ist endlos … So geht es täglich bei uns zu und her.

Deshalb ist vor allem bequeme, unkomplizierte und zeitlose Kindermode angesagt. Und genau die findest du in diesem Buch. Eine Garderobe für die viel zu schnell heranwachsenden Kinder und Pubertiere, die vom Schuleintritt bis in die Oberstufe gern getragen wird. Unkomplizierte, genderneutrale Styles, die auch unifarben cool aussehen. Wandelbare Kleidungsstücke mit raffinierter Schnittführung, die jedes Mal neu interpretiert werden können. Modelle mit verschiedenen Saumlängen, die das ganze Jahr getragen werden können. Styles, die mit den Kindern wachsen und dank verstellbaren Saumbündchen auch über mehrere Größen getragen werden können. Vom Raglan-Tee, über einen Hood*ee, der auch eine Sweatjacke ist, ein sportliches Kleid mit vielen Variationen bis hin zur coolsten Latzhose und der Bux*ee, die es auch als Shorts gibt – das und noch viel mehr findest du in diesem Buch.

Alle Modelle in diesem Buch wurden von meinen beiden Kids und deren Freunden getragen, getestet und gleich anbehalten, wie man an den Fotos sehen kann. Für mich ist es immer das beste Feedback, wenn ich die Achtjährigen wie auch die 18-Jährigen in der Nachbarschaft in den Nipnaps-Styles sehe.
Dank der bebilderten Anleitungen und zusätzlicher Nähvideos lassen sich auch die etwas kniffligeren Schnitte leicht nachnähen. Manche der Styles wie zum Beispiel die coole XL-Bean*ee, die im Nu genäht ist, kannst du sogar mit deinem Kind zusammen nähen. Nipnaps-Schnitte sind ee*asy to wear & so ee*asy to sew! Außerdem kannst du dir einige coole Plotterdateien herunterladen, mit denen du die Modelle noch bisschen aufpimpen kannst. Besuche mich auf www.nipnaps.ch, um mehr über den Nipnaps-Alltag, die Schnittmuster und Stoffdesigns zu erfahren.

Ich wünsche dir viele schöne Nähstunden mit deinen Kindern und freue mich, eure Werke schon bald online sehen zu können.

Love, Tanja xoxo

RAGLAN-TEE

SCHWIERIGKEITSGRAD ●●

Das Raglan-Tee ist ein sportliches Top, das leicht oversize ausfällt. Das Basic passt in jeden Kleiderschrank, da es viele Variationsmöglichkeiten hat. Die Raglanärmel, die du auch in einer Kontrastfarbe nähen kannst, sitzen an den Schultern immer einwandfrei – ideal für die nächste Wachstumsphase. Den Saum kannst gerade oder auch vokuhila (vorne kurz, hinten lang) nähen. Für einen coolen Look durchs ganze Jahr sorgen die drei Ärmelvarianten. Eine vorn überkreuzte Kapuze oder ein bequemes Halsbündchen können nach Belieben angenäht werden.

DAS BRAUCHST DU

	Größen 128/134	Größen 140/146	Größen 152/158	Größen 164/170	Größe 176
Jersey, 150 cm breit	1,00 m	1,10 m	1,20 m	1,35 m	1,40 m
farblich passendes Nähgarn					

Hinweis
Der Stoffverbrauch bezieht sich auf die Variante mit langen Ärmeln und Kapuze.

Schnittmusterbogen 1A und 1B

ZUSCHNITT

Die Schnittmuster für die Ärmel je nach Variante gemäß Markierung kürzen. Alle Teile mit 1 cm Nahtzugabe und 2-3 cm Saumzugabe, den Kragenausschnitt ohne Nahtzugabe zuschneiden. Das Raglan-Tee fällt groß aus; für die Saumzugabe an Ärmeln und Saum daher vorher zunächst am Kind Maß nehmen. Für einen eher körperbetonten Look kannst du das Modell eine Größe kleiner nähen.

- 1x Vorderteil im Stoffbruch
- 1x Rückenteil im Stoffbruch
- 2x Ärmel gegengleich
- 2x Brusttasche gegengleich (optional)
- 2x Kapuze gegengleich (je nach Variante)
- 1x Halsbündchen (je nach Variante)

» RAGLAN-TEE MIT KURZEN ÄRMELN UND HALSBÜNDCHEN (LINKS), MIT LANGEN ÄRMELN UND ÜBERKREUZTER KAPUZE (RECHTS), KOMBINIERT MIT DER COOLEN BUX°EE (SEITE 64) IN DER SHORTS-VARIANTE MIT HOHEM SCHRITT (LINKS), MIT TIEFEM SCHRITT (RECHTS).

VARIANTEN

- Saum: gerade oder vokuhila
- Ärmel: Kurzarm (T-Shirt), Langarm oder Dreivierteloarm
- Halsausschnitt: vorn überkreuzte Kapuze oder Halsbündchen

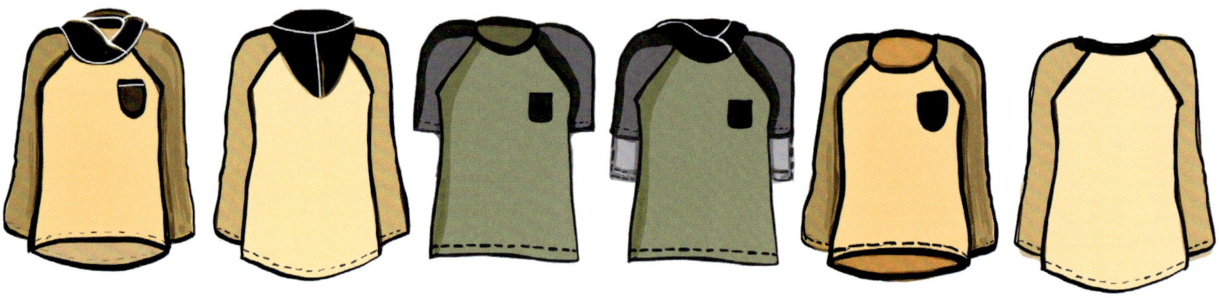

LET'S GO

1 Die Brusttasche gemäß Markierung auf das Vorderteil nähen (siehe S. 104).

2 Die Ärmel r-a-r aufs Vorderteil legen und mit Klammern fixieren, dabei darauf achten, dass die Markierungen aufeinandertreffen.

3 Die Ärmel mit der Overlock annähen. Die Naht knappkantig absteppen.

4 Das Rückenteil r-a-r auf die rückwärtige Kante der Ärmel legen und feststecken. Mit der Overlock annähen und knappkantig absteppen.

5 Das Vorderteil r-a-r aufs Rückenteil legen und die Kanten vom Ärmel bis zum Saum zusammenstecken. Die Naht in einem Arbeitsgang schließen. Wo die Nähte aufeinandertreffen, eine Nahtzugabe nach links, die andere nach rechts falten.

6 Das Shirt auf rechts wenden und den Saum mit einer Overlocknaht versäubern. Die Saumzugabe zweimal falten, mit Stecknadeln fixieren und knappkantig annähen.

» RAGLAN-TEE MIT GERADEM SAUM UND DREIVIERTELÄRMELN IN KOMBINATION MIT DER BUX•EE MIT TIEFEM SCHRITT.

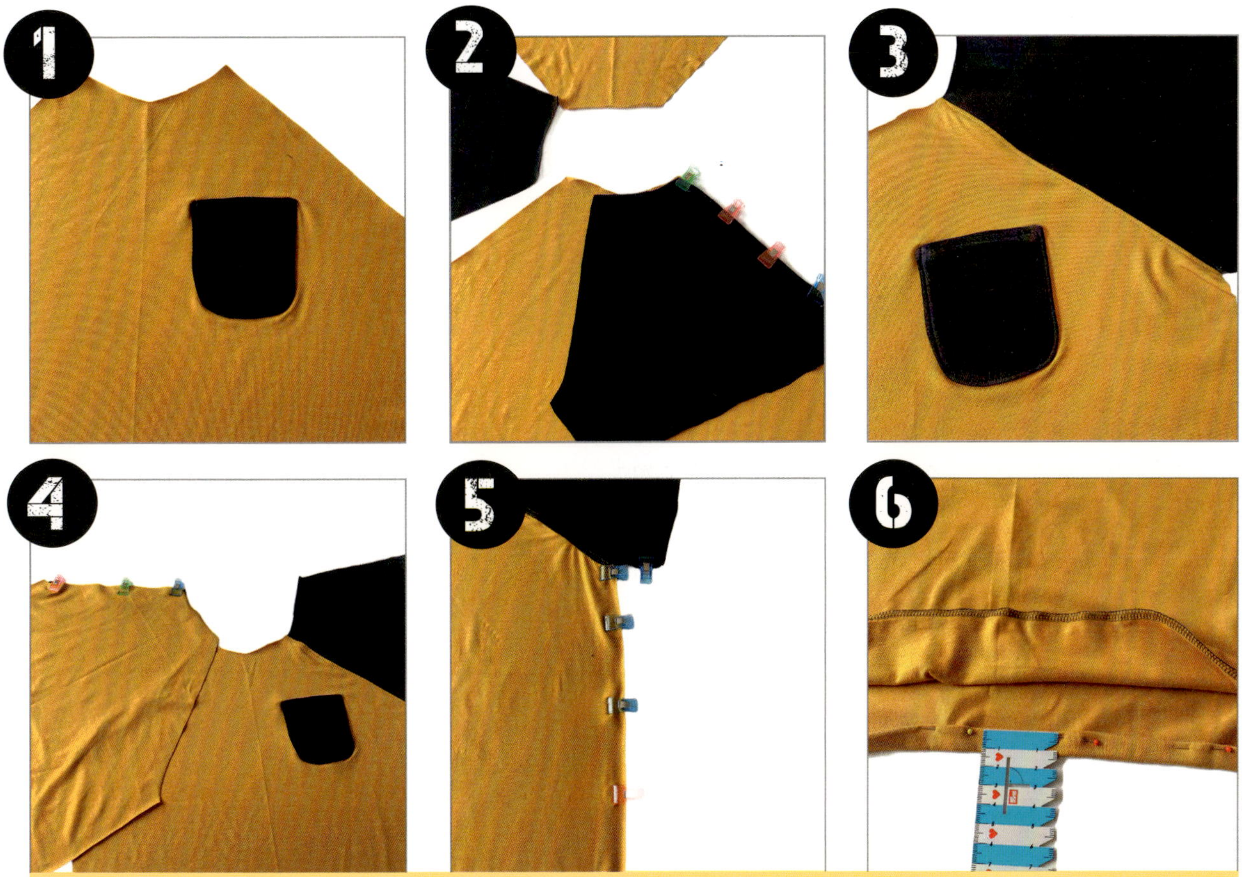

» RAGLAN-TEE MIT KURZEN ÄRMELN IN KOMBINATION MIT BUX°EE UND CARD°EE.

7

8

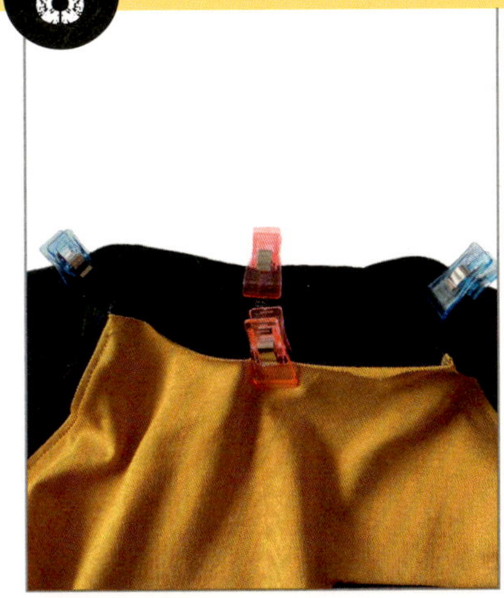

9

10

11

12

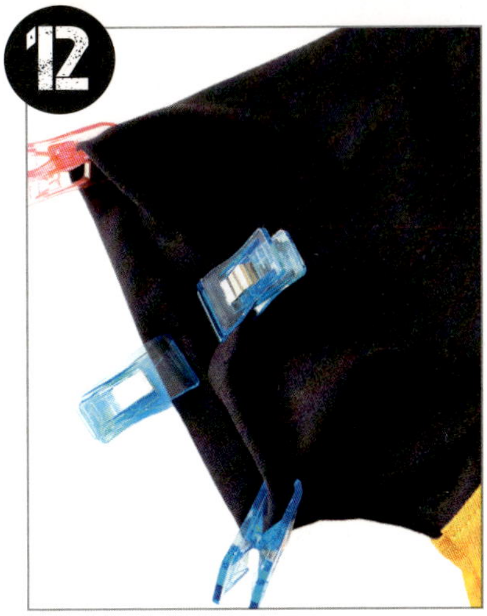

7 Nun wird der Kragen gesäumt. Dazu das Bündchen r-a-r an der kurzen Seite zum Ring schließen und anschließend mit Klammern vierteln.

Hinweis
Du kannst an das Raglan-Tee auch eine überkreuzte Kapuze (siehe S. 120) oder ein Halsbündchen annähen (siehe S. 110/112).

8 Das Bündchen offen (nicht gefaltet) mithilfe von Klammern vierteln. Das Bündchen r-a-l an den Halsausschnitt stecken. Die Klammern treffen auf die hintere und vordere Mitte des Halsausschnitts sowie mittig auf die Raglanärmel. Mit der Overlock annähen.

9 Das Bündchen nach oben klappen, sodass die Naht sichtbar ist.

10 Das Bündchen einmal bis zur Naht falten und anschließend noch einmal um die ganze Naht. Mit Stecknadeln feststecken.

11 Das Bündchen mit der Zwillingsnadel oder dem Dreifachgeradstich annähen. Verwende einen elastischen Stich, damit die Naht nicht reißt. Eine magnetische Saumhilfe ermöglicht ein sauberes, gleichmäßiges Nähergebnis.

12 Die Saumzugabe an den Ärmeln zweimal umschlagen, feststecken und mit einem elastischen Stich annähen, am besten mit der Zwillingsnadel oder der Coverlock.

1

2

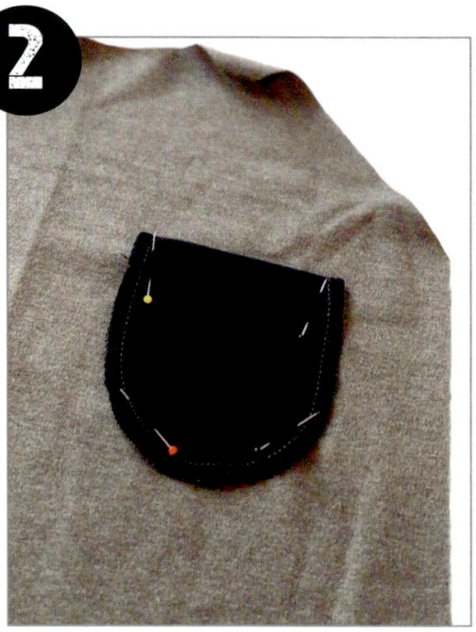

1

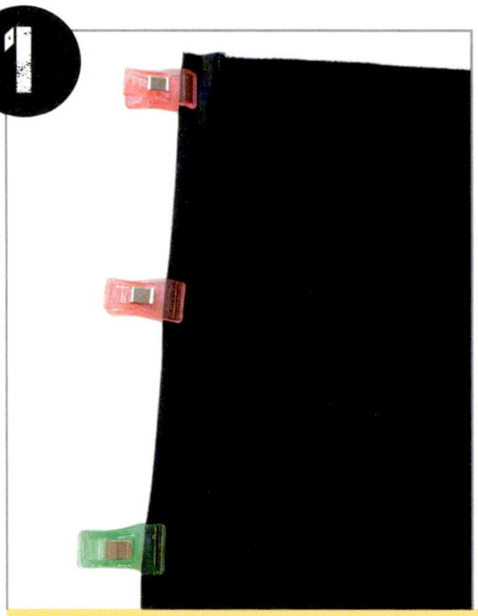

2

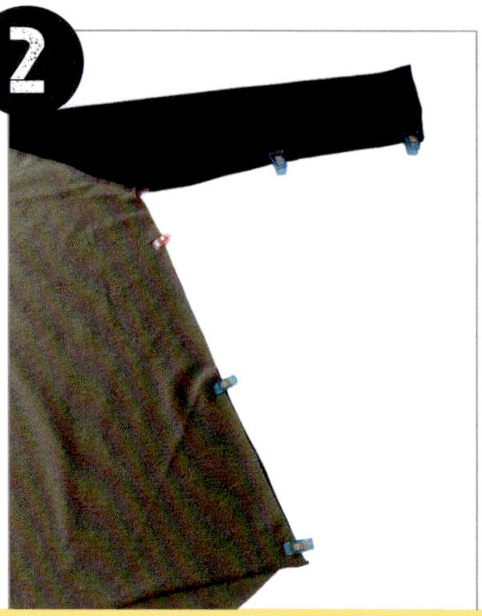

4

WENN'S SCHNELL GEHEN MUSS ...

... Brusttasche

1 Du kannst die Brusttasche auch einlagig vernähen. Hierzu die Tasche außer an der Eingriffkante ohne Nahtzugabe zuschneiden. Die Tasche mit der Overlock versäubern, die Nahtzugabe am Eingriff nach innen klappen und absteppen.

2 Die Tasche in der Versäuberungsnaht auf dem Vorderteil annähen.

... Ärmel

1 Die Ärmel vor dem Annähen mit der Overlock versäubern. Die Saumzugabe zweimal umklappen, damit die Naht versteckt ist, und absteppen.

2 Den Ärmel r-a-r an Vorder- und Rückenteil nähen, anschließend das Vorderteil r-a-r aufs Rückenteil legen. Ärmel und Seitenkanten feststecken und die Naht in einem Arbeitsgang vom Ärmel bis zum Saum schließen.

3 Die Fadenraupe am Ärmel mithilfe einer Nadel zurück in die Naht ziehen.

4 Die Nahtzugabe auf eine Seite klappen und mit einem kurzen Geradstich fixieren.

5 Den Saum nur mit der Overlock versäubern. Dieser „unfertige“ Look passt super zu diesem lässigen Top.

Tipp

Verwende für den Saum kontrastfarbenes Garn, das ergibt einen besonders coolen Effekt.

5

DRESS*EE

SCHWIERIGKEITSGRAD ●●

*Das Dress*ee ist ein sportliches Kleid und kann mit einer vorn überkreuzten bzw. Sportkapuze oder einem Halsbund genäht werden. Der runde Saum in Kombination mit der Sportkapuze sieht zu Turnschuhen und Baseballcap supercool aus. Ohne Kapuze und mit Dreiviertelärmeln wird daraus ein schlichtes Kleid. Die große Kangoo-Tasche ist nicht nur praktisch, sondern lädt dazu ein, Tüddelkram wie Fransenband anzunähen. Das lässige Dress*ee lässt sich super mit dem Croptop Crop*ee kombinieren.*

DAS BRAUCHST DU

	Größen 128/134	Größen 140/146	Größen 152/158	Größen 164/170	Größe 176
Oberstoff: Sweat, Sommersweat oder French Terry, 150 cm breit	1,20 m	1,30 m	1,40 m	1,50 m	1,60 m
Futterstoff (optional): Jersey, 150 cm breit	40 cm	40 cm	40 cm	40 cm	40 cm
Bündchenstoff	30 cm	30 cm	30 cm	30 cm	30 cm
Saumband	1,00 m	1,00 m	1,00 m	1,00 m	1,00 m
farblich passendes Nähgarn					
Saumlineal					
Saumhilfe für die Nähmaschine					

Hinweis
Der Stoffverbrauch bezieht sich auf die Variante mit langen Ärmeln und überkreuzter Kapuze.

Schnittmusterbogen 2A

ZUSCHNITT

Die Schnittmuster für die Ärmel je nach Variante gemäß Markierung kürzen. Alle Teile mit 1 cm Nahtzugabe und 2–3 cm Saumzugabe zuschneiden. Den Halsausschnitt ohne Nahtzugabe zuschneiden. Den Kragenausschnitt bei der Sportkapuze ohne Nahtzugabe zuschneiden.

Oberstoff

- 1x Vorderteil im Stoffbruch
- 1x Rückenteil im Stoffbruch
- 2x Ärmel gegengleich
- 2x Kapuze oder Sportkapuze gegengleich (je nach Variante)
- 2x Kangoo-Tasche im Stoffbruch (optional)

Futterstoff

- 2x Kapuze oder Sportkapuze gegengleich (je nach Variante)

Bündchenstoff

- 2x Ärmelsaumbündchen (normal oder breit) gegengleich (je nach Variante)
- 1x Halsbündchen

VARIANTEN

- Ärmel: Kurzarm, Langarm oder Dreiviertelarm
- Halsausschnitt: vorn überkreuzte Kapuze, Sportkapuze oder Halsbündchen

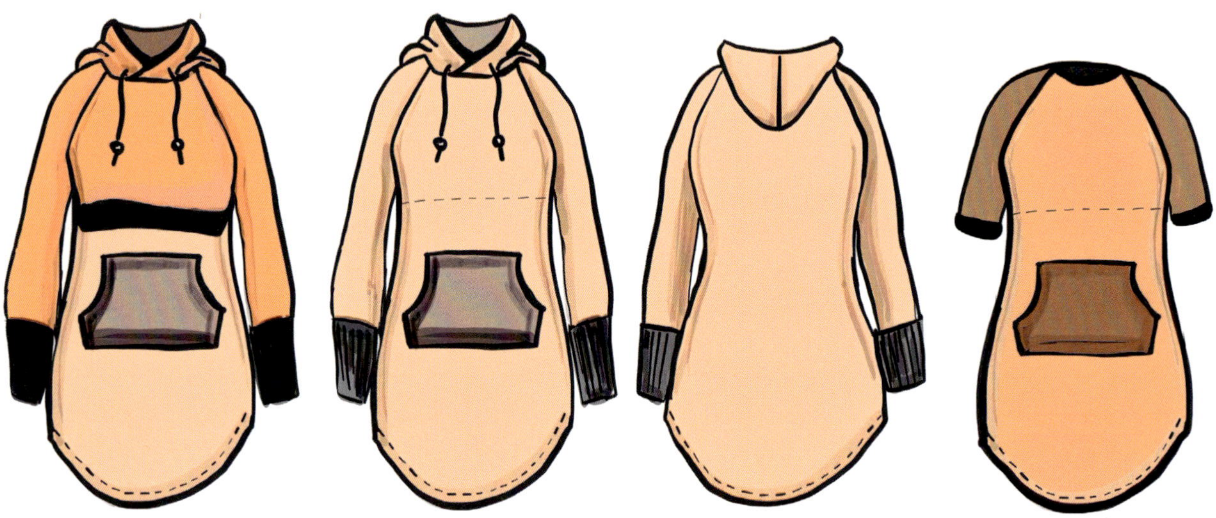

LET'S GO

1 Die Ärmel r-a-r aufs Vorderteil legen und mit Klammern fixieren, dabei darauf achten, dass die Markierungen aufeinandertreffen (Stepfotos siehe S. 15 oder 33). Mit der Overlock annähen. Die Naht knappkantig absteppen. Das Rückenteil r-a-r auf die rückwärtige Kante der Ärmel legen und feststecken. Mit der Overlock annähen und knappkantig absteppen.

2 Den Saum an Vorder- und Rückenteil mit einer Overlocknaht versäubern.

Hinweis
Bei einem runden Saum empfiehlt es sich, den Differentialwert an der Overlock zu erhöhen, damit der Stoff ein bisschen gekräuselt wird. Normalerweise nähe ich mit dem Differentialwert 1, hier habe ich ihn auf 1,5 erhöht. Der Differentialtransport kann an den meisten Overlockmaschinen mit einem Drehknopf eingestellt werden.

3 Saumband unter der Versäuberungsnaht anbringen.

4 Die Saumzugabe mithilfe des Saumlineals 1 cm auf links falten und flach bügeln.

2

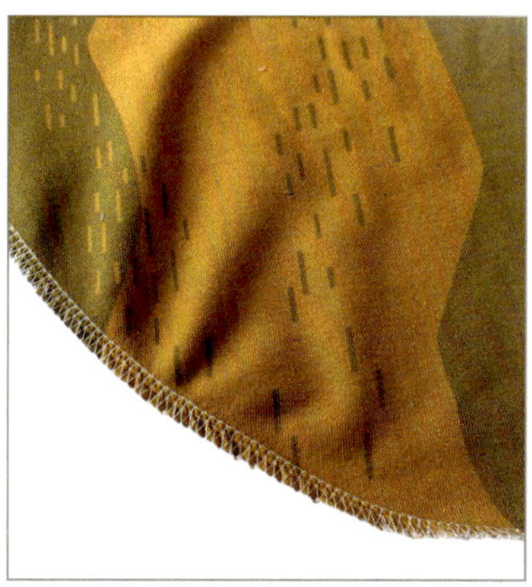

» DRESS'EE MIT DREIVIERTELÄRMELN UND VORN ÜBERKREUZTER KAPUZE

3

4

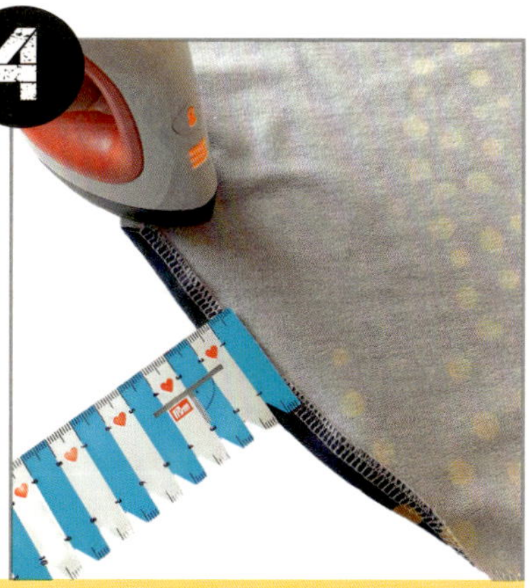

» DRESS*EE MIT SPORTKAPUZE, BREITEN ÄRMELBÜNDCHEN UND KANGOO-TASCHE

5

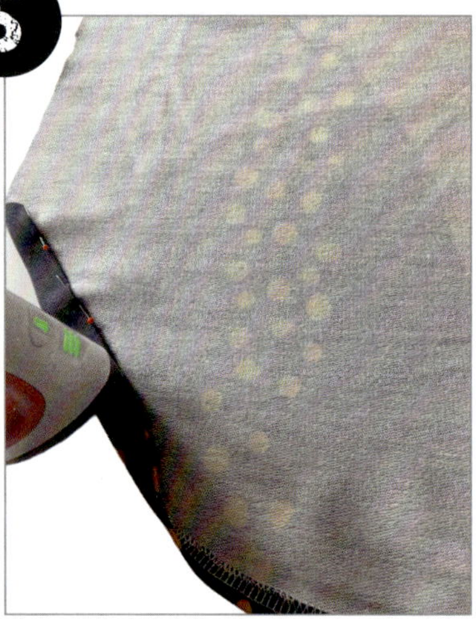

6

7

8

9

10

» DRESS*EE MIT VORN ÜBERKREUZTER KAPUZE, LANGEN ÄRMELBÜNDCHEN UND KANGOO-TASCHE

5 Den Saum ggf. noch einmal 1–2 cm auf links klappen, damit die Versäuberungsnaht verdeckt ist. Bei dickem Stoff genügt ein Umschlag (je nach Saumzugabe), da der Saum sonst zu wuchtig wird. Bügeln und knappkantig mit dem Dreifachgeradstich der Nähmaschine, einer Zwillingsnadel oder der Coverlock annähen.

Tipp
Damit sich der Saum nicht nach außen rollt, die Saumzugabe etwas erhöhen. Verwende zum Annähen des Saums Jerseynadeln der Stärke 60 oder 70.

6 Das Vorderteil r-a-r auf das Rückenteil legen und feststecken. Darauf achten, dass die Saumenden genau aufeinandertreffen.

7 Die Saumnahtenden mit einem kurzen Geradstich fixieren.

Tipp
Wenn der erste Stich gesetzt ist, die Fadenraupe nach vorn ziehen und in die Naht legen; so ist der Nahtanfang schön versäubert.

8 Die Seitennähte mit der Overlock schließen. Damit nichts verrutscht, den ersten Stich am Saumende setzen.

9 Die Seitennähte flach bügeln und absteppen. Das Nahtende dazu mit einer Stecknadel fixieren, damit nichts verrutscht. Von vorn sieht man keine Naht und der Schlitz ist sauber vernäht.

10 Die Saumnaht absteppen. Eine magnetische Saumhilfe erleichtert das gleichmäßige Nähen. In den Ecken das Füßchen anheben, die Nadel im Stoff stecken lassen, den Stoff richtig platzieren und weiternähen.

11 Zum Schluss die Bündchen annähen (siehe S. 111) sowie nach Wunsch die Kangoo-Tasche (siehe S. 105) und den Kragen inklusive Streifenversäuberung (siehe S. 121) bzw. Kapuze (siehe S. 120) oder Sportkapuze (siehe S. 118/119).

CROP*EE

SCHWIERIGKEITSGRAD ●●

*Das Croptop „Crop*ee" können jüngere Girls mit einem Top drunter und Teens bauchfrei tragen. Mit Sportkapuze und langen Ärmeln mit hohen Bündchen wird der Pulli garantiert zum Lieblingsteil. Für warme Tage kannst du das Top mit kurzen oder Dreiviertelärmeln nähen. Als Kragenvariante kannst du zwischen vorn überkreuzter Kapuze, Sportkapuze oder Halsbündchen wählen. Das Crop*ee lässt sich perfekt mit dem Dress*ee kombinieren.*

DAS BRAUCHST DU

	Größen 128/134	Größen 140/146	Größen 152/158	Größen 164/170/176
Oberstoff: Sweat, Sommersweat oder French Terry, 150 cm	70 cm	80 cm	90 cm	1,00 m
Futterstoff (optional): Jersey, 150 cm breit	40 cm	40 cm	40 cm	40 cm
Bündchenstoff	40 cm	40 cm	50 cm	50 cm
Paspelband	1,00 m	1,00 m	1,00 m	1,00 m
farblich passendes Nähgarn				

Hinweis
Die Materialangaben beziehen sich auf die Variante mit Kapuze und langen Ärmeln.

Schnittmusterbogen 1B und 2A

ZUSCHNITT

Vor dem Zuschnitt Vorder- und Rückenteil aus dem Modell Dress*ee als Extraschnittmuster herauskopieren. Die Schnittmuster für die Ärmel je nach Variante gemäß Markierung kürzen. Alle Schnittteile mit 1 cm Nahtzugabe zuschneiden. Den Halsausschnitt sowie den Kragenausschnitt bei der Sportkapuze ohne Nahtzugabe zuschneiden. Falls eine längere Passform gewünscht ist, kannst du den Saum um 3–5 cm verlängern.

Oberstoff

- 1x Vorderteil im Stoffbruch
- 1x Rückenteil im Stoffbruch
- 2x Ärmel gegengleich
- 2x Kapuze gegengleich (je nach Variante)

Futterstoff

- 2x Kapuze gegengleich (je nach Variante)

Bündchenstoff

- 1x Saumbündchen im Stoffbruch
- 2x Ärmelsaumbündchen (normal oder breit) gegengleich (je nach Variante)
- 1x Halsbündchen

VARIANTEN

- Ärmel: Kurzarm, Langarm oder Dreiviertelarm
- Halsausschnitt: vorn überkreuzte Kapuze, Sportkapuze oder Halsbündchen

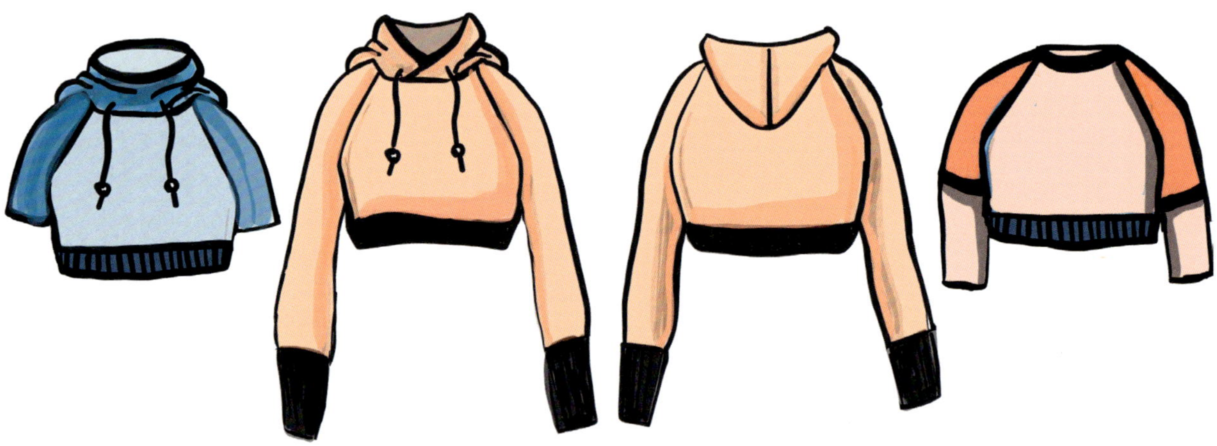

» CROP'EE MIT SPORTKAPUZE UND LANGEN ÄRMELN MIT BREITEM BÜNDCHEN.

LET'S GO

1 Die Paspelstücke passend zuschneiden, r-a-r auf die Raglanteilung stecken und mit einem Geradstich annähen.

2 Die Ärmel r-a-r aufs Vorderteil legen und mit Klammern fixieren, dabei darauf achten, dass die Markierungen aufeinandertreffen. Mit der Overlock annähen. Die Naht knappkantig absteppen.

3 Das Rückenteil r-a-r auf die rückwärtige Kante der Ärmel legen und feststecken. Mit der Overlock annähen und knappkantig absteppen. Hier kann natürlich auch eine Paspel eingenäht werden.

4 Das Vorderteil r-a-r aufs Rückenteil legen und die Kanten vom Ärmel bis zum Saum zusammenstecken. Die Naht in einem Arbeitsgang schließen. Wo die Nähte aufeinandertreffen, eine Nahtzugabe nach links, die andere nach rechts falten.

1

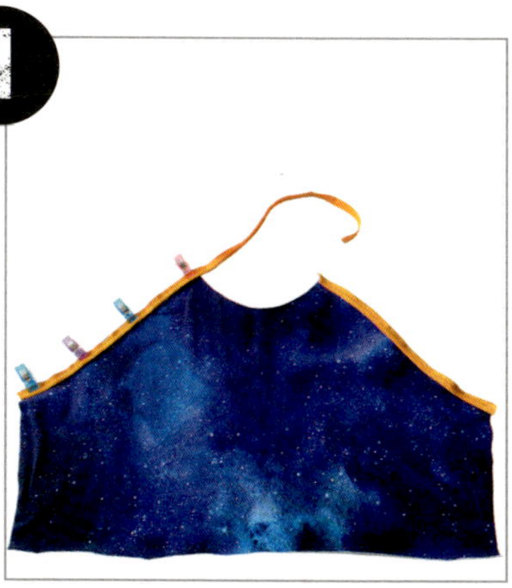

2

3

4

5 Das Shirt auf rechts wenden. Das Bündchen r-a-r an den kurzen Seiten zum Ring schließen.

6 Das Saumbündchen halbieren, gleichmäßig an den Saum stecken und annähen.

7 Zum Schluss die Ärmelbündchen annähen sowie nach Wunsch den Kragen inklusive Streifenversäuberung bzw. Kapuze (siehe S. 120) oder Sportkapuze (siehe S. 118/119).

Tipp
Pimp dein Top mit einem lässigen Plott auf, fertig ist der coole Look! (Download unter siehe S. 127)

» CROP-TOP MIT SPORTKAPUZE UND LANGEN ÄRMELN MIT BÜNDCHEN (LINKS), HOOD*EE MIT SCHRÄGER SEITENNAHT (RECHTS). BEIDE HOSENMODELLE SIND DIE COOLE BUX*EE.

HOOD*EE

SCHWIERIGKEITSGRAD ●●

*Der Hood*ee ist ein wahrer Verwandlungskünstler. Er kommt als Basic-Variante mit geradem oder Vokuhila-Saum sowie gerader oder schräger Seitennaht. Die Variante mit schräger Seitennaht eignet sich wunderbar, um Stoffreste oder Panele zu verarbeiten. Die Kangoo-Tasche kann auf jedes Modell genäht werden. Außerdem kannst du zwischen Kapuze, Sportkapuze oder einfachem Halsbündchen wählen. Für den Sommer nähst du das Modell als Hood*ee-Tee einfach mit kurzen Ärmeln.*

DAS BRAUCHST DU

	Größen 128/134	Größen 140/146	Größen 152/158	Größen 164/170	Größe 176
Oberstoff: Sweat, Sommersweat oder French Terry, 150 cm breit	1,00 m	1,10 m	1,20 m	1,30 m	1,40 m
Oberstoff für Hood*ee-Tee, 150 cm breit	70 cm	80 cm	90 cm	1,00 m	1,10 m
Futterstoff (optional): Jersey, 150 cm breit	40 cm	40 cm	45 cm	50 cm	50 cm
Bündchenstoff (optional)	30 cm	30 cm	40 cm	40 cm	40 cm
dehnbare Paspel in Kontrastfarbe (optional)	1,00 m	1,00 m	1,00 m	1,20 m	1,20 m
farblich passendes Nähgarn					
Kordel (optional), 80 cm					
2 Ösen, ø 8 mm (optional)					
Plotterdateien (Download unter siehe S. 127)					

Hinweis
Die Materialangaben beziehen sich auf die Variante mit langen Ärmeln und Kapuze. Falls du das Hood*ee oder das Hood*ee-Tee aus Jersey nähst, fällt es größer aus, sodass du es ggf. eine Größe kleiner zuschneiden solltest.

Schnittmusterbogen 2A

» DAS BASICMODELL MIT VOKUHILA-PASSFORM. DIE HOSE IST DIE KURZE BUX*EE

ZUSCHNITT

Alle Teile mit 1 cm Nahtzugabe zuschneiden, den Halsausschnitt und die aufgesetzte Kangoo-Tasche am Tascheneingriff ohne Nahtzugabe zuschneiden. Den Kragenausschnitt bei der Sportkapuze ohne Nahtzugabe zuschneiden. Wenn du das Hood*ee ohne Saumbündchen nähst, am Saum 2–3 cm Saumzugabe hinzufügen. Für die T-Shirt-Variante das Ärmel-Schnittmuster an der Markierung „Kurzarm" trennen und den Ärmel für einen einfachen Saum mit 2 cm Saumzugabe zuschneiden. Für die Variante mit den schrägen Seitennähten das Schnittmuster des Vorderteils an der Teilungsnaht in der gewünschten Größe trennen und das Schnittmusterteil ans Rückenteil kleben. Alternativ kannst du das Zwischenstück auch mit 1 cm Nahtzugabe aus einem anderen Stoff zuschneiden (siehe Foto unten) und vor der Verarbeitung ans Rückenteil nähen. Die aufgesetzte Kangoo-Tasche stets mit der Saumzugabe vom Vorderteil zuschneiden und das Taschen-Schnittmuster für die Variante mit schrägen Seitennähten an der schrägen Markierung der gewünschten Größe trennen. Die Tascheneingriffe der einlagigen Kangoo-Tasche ohne Nahtzugabe zuschneiden. Die Kangoo-Tasche für die gesäumte Variante nur einlagig verarbeiten, da der Saum sonst zu dick wird. Alle Markierungen von den Schnittmustern auf den Stoff übertragen.

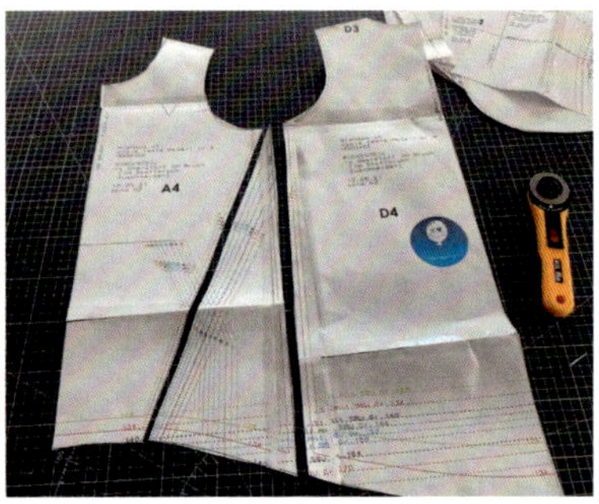

Oberstoff

- 1x Vorderteil im Stoffbruch
- 1x Rückenteil im Stoffbruch
- 2x Ärmel gegengleich
- 2x Kapuze oder Sportkapuze gegengleich (je nach Variante)

Futterstoff

- 2x Kapuze oder Sportkapuze gegengleich (je nach Variante)

Bündchenstoff

- 1x Saumbündchen im Stoffbruch (je nach Variante)
- 2x Ärmelsaumbündchen (breit, normal oder kurz fürs T-Shirt) gegengleich (je nach Variante)
- 1x Halsbündchen (je nach Variante)
- 1x Kangoo-Tasche im Stoffbruch (optional)
- 2x Taschenbündchen (optional)

» DAS BASICMODELL MIT VOKUHILASAUM

VARIANTEN

- Saum: gerade oder vokuhila
- Seitennähte: gerade oder schräg
- mit aufgesetzter Kangoo-Tasche
- Ärmel: Kurzarm oder Langarm mit normalem oder breitem Bündchen
- Halsausschnitt: vorn überkreuzte Kapuze, Sportkapuze oder Halsbündchen

» VOKUHILAVARIANTE MIT GERADEN SEITEN UND SPORTKAPUZE

LET'S GO

Basic Hood*ee

1 Das Vorderteil r-a-r auf das Rückenteil legen und die Schulternähte mit der Overlock schließen.

2 Die Ärmel jeweils r-a-r mit Klammern am Armausschnitt befestigen, dabei darauf achten, dass die Markierungen an der vorderen Ärmelseite und im Vorderteil aufeinandertreffen. Die Markierung in der Mitte der Armkugel trifft auf die Schulternaht.

3 Die Strecken zwischen den Klammern gleichmäßig zusammenstecken, dabei die Wölbung der Armkugel beachten. Die Ärmel mit der Overlock annähen. Die Nahtzugaben nach Wunsch knappkantig auf dem Vorder- bzw. Rückenteil feststeppen.

4 Das Vorderteil r-a-r aufs Rückenteil legen und die Kanten vom Ärmel bis zum Saum zusammenstecken. Die Naht mit der Overlock in einem Arbeitsgang schließen, dabei darauf achten, dass die Nähte genau aufeinandertreffen. Wo die Nähte aufeinandertreffen, eine Nahtzugabe nach links, die andere nach rechts falten.

5 Zum Schluss die Ärmel-, Hals- und Saumbündchen annähen (siehe S. 113) bzw. die Kapuze (siehe S. 120) oder Sportkapuze (siehe S. 118).

Tipp

Mit einem coolen Label kannst du das Hood*ee individualisieren.

» VARIANTE MIT GERADER SEITENNAHT SOWIE HALS- UND SAUMBÜNDCHEN

» HOOD*EE MIT SCHRÄGER SEITENNAHT, PASPEL UND KANGOO-TASCHE

LET'S GO

Hood*ee mit schrägen Seitennähten und Kangoo-Tasche

1 Die Kangoo-Tasche einlagig mit Bündchen an den Tascheneingriffen nähen (siehe S. 106).

Hinweis
Die Tascheneingriffe ohne Nahtzugabe zuschneiden, damit der Eingriff nicht zu schmal wird.

2 Kangoo-Tasche gemäß Markierung auf das Vorderteil stecken und an der oberen Kante mit einem Geradstich annähen. Die Seitenkanten der Tasche kannst du mit einem langen Geradstich in der Nahtzugabe heften, damit nichts verrutscht; sie werden später beim Schließen der Seitennähte mitgefasst. Die untere Taschenkante bleibt ebenfalls offen; sie wird später beim Säumen oder Annähen des Bündchens mitgefasst.

3 Die Paspel für die schräge Seitennaht passend zuschneiden und r-a-r auf die beiden Vorderteilkanten stecken. Mit einem langen Geradstich innerhalb der Nahtzugabe heften.

4 Vorder- und Rückenteil r-a-r aufeinanderlegen und die Schulternähte mit der Overlock schließen.

5 Die Ärmel jeweils r-a-r mit Klammern am Armausschnitt befestigen, dabei darauf achten, dass die Markierungen an der vorderen Ärmelseite und im Vorderteil aufeinandertreffen. Die Markierung in der Mitte der Armkugel trifft auf die Schulternaht.

6 Die Strecken zwischen den Klammern gleichmäßig zusammenstecken, dabei die Wölbung der Armkugel beachten. Die Ärmel mit der Overlock annähen. Die Nahtzugaben nach Wunsch knappkantig auf dem Vorder- bzw. Rückenteil feststeppen.

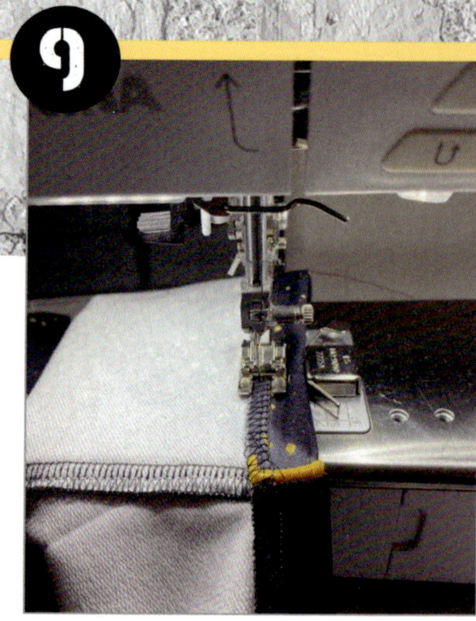

7 Das Vorderteil r-a-r aufs Rückenteil legen und die Naht vom Ärmel bis zum Saum mit der Overlock in einem Arbeitsgang schließen, dabei an der Teilungsnaht in der Paspelnaht nähen. Die Paspel knappkantig absteppen.

8 Den Saum mit der Overlock versäubern. Die Saumzugabe umklappen und feststecken. Dabei ist es hilfreich, den Saumumschlag etappenweise auszumessen, damit er gleichmäßig wird.

9 Den Saum mit der Zwillingsnadel, der Coverlock oder mit dem dreifachen Geradstich annähen. Eine magnetische Saumhilfe erleichtert das gleichmäßige Nähen.

10 Zum Schluss die Ärmelbündchen annähen (siehe S. 111/113) sowie nach Wunsch das Halsbündchen (siehe S. 113) bzw. die Kapuze (siehe S. 120) oder Sportkapuze (siehe S. 118).

» HOOD*EE MIT SCHRÄGER SEITENNAHT, SAUMBÜNDCHEN UND VORN ÜBERKREUZTER KAPUZE

ZIP-HOOD*EE

SCHWIERIGKEITSGRAD ●●●

*Der Zip Hood*ee ist das ultimative Must-have für den Teenie-Kleiderschrank: schnell überziehen und raus an die frische Luft. Wie beim normalen Hood*ee kann die Passform mit geraden oder schrägen Seitennähten, mit Kapuze oder Bündchenkragen genäht werden. Der Zip-Hood*ee bietet viele Variationsmöglichkeiten, mit denen er nie langweilig wird. Mit einem Beleg und einem Saumbündchen wird der Reißverschluss ganz einfach angenäht. Ein sauberes Innenleben der Jacke ist garantiert, auch wenn du noch nicht so viel Näherfahrung mitbringst.*

DAS BRAUCHST DU

	Größen 128/134	Größen 140/146	Größen 152/158	Größen 164/170	Größe 176
Oberstoff: Sweat, Sommersweat oder French Terry, 150 cm breit	1,00 m	1,10 m	1,20 m	1,30 m	1,40 m
Futterstoff (optional): Jersey, 150 cm breit	40 cm	40 cm	45 cm	50 cm	50 cm
Bündchenstoff (optional)	40 cm	40 cm	50 cm	50 cm	50 cm
Bügeleinlage (z. B. Vlieseline H 200)	20 cm x 60 cm	20 cm x 60 cm	20 cm x 65 cm	20 cm x 65 cm	20 cm x 70 cm
teilbarer Reißverschluss	55 cm	55 cm	60 cm	60 cm	65 cm
doppelseitig klebendes Nahtband	1,30 m	1,30 m	1,30 m	1,30 m	1,30 m
2 Ösen, ø 8 mm					
Kordel, ø 5–8 mm, 80–90 cm					
Wonder Dots oder Rest Bügeleinlage					
farblich passendes Nähgarn					

Hinweis

Die Materialangaben beziehen sich auf die Variante mit langen Ärmeln und Kapuze. Teilbare Reißverschlüsse können nur in Längenabständen von 5 cm gekauft werden. Gegebenenfalls den Reißverschluss um einige Zentimeter kürzen.

Schnittmusterbogen 1A und 2A

» BASIC ZIP-HOOD*EE OHNE TASCHE IN KOMBINATION MIT DER COOLEN BUX*EE

ZUSCHNITT

Die Kapuze an der Linie „Schnittlinie mit Zipper" zuschneiden. Alle Teile mit 1 cm Nahtzugabe zuschneiden, das Vorderteil auch an der Stoffbruchkante/vorderen Mitte. Den Halsausschnitt ohne Nahtzugabe zuschneiden. Das Schnittmuster für die Kangoo-Tasche an der vorderen Mitte halbieren und die beiden Teile rundherum mit 1 cm Nahtzugabe zuschneiden. Für die Variante mit schrägen Seitennähten die Kangoo-Tasche an den Eingriffen ohne Nahtzugabe zuschneiden.

Oberstoff

- 1x Vorderteil gegengleich
- 1x Rückenteil im Stoffbruch
- 2x Ärmel gegengleich
- 2x Beleg gegengleich
- 2x Kapuze oder Sportkapuze gegengleich (je nach Variante)
- 1x Kinnschutz gegengleich (je nach Variante)
- 1x Kangoo-Tasche

Futterstoff

- 2x Kapuze gegengleich (je nach Variante)

Bündchenstoff

- 1x Saumbündchen im Stoffbruch
- 2x Ärmelsaumbündchen (normal oder breit) gegengleich
- 1x Halsbündchen
- 1x Taschenbündchen gegengleich

Bügeleinlage

- 2x Beleg gegengleich

VARIANTEN

- Seitennähte: gerade oder schräg
- Ärmel: Kurzarm oder Langarm mit normalem oder breitem Bündchen
- Kapuze oder Halsbündchen
- aufgesetzte Kangoo-Tasche

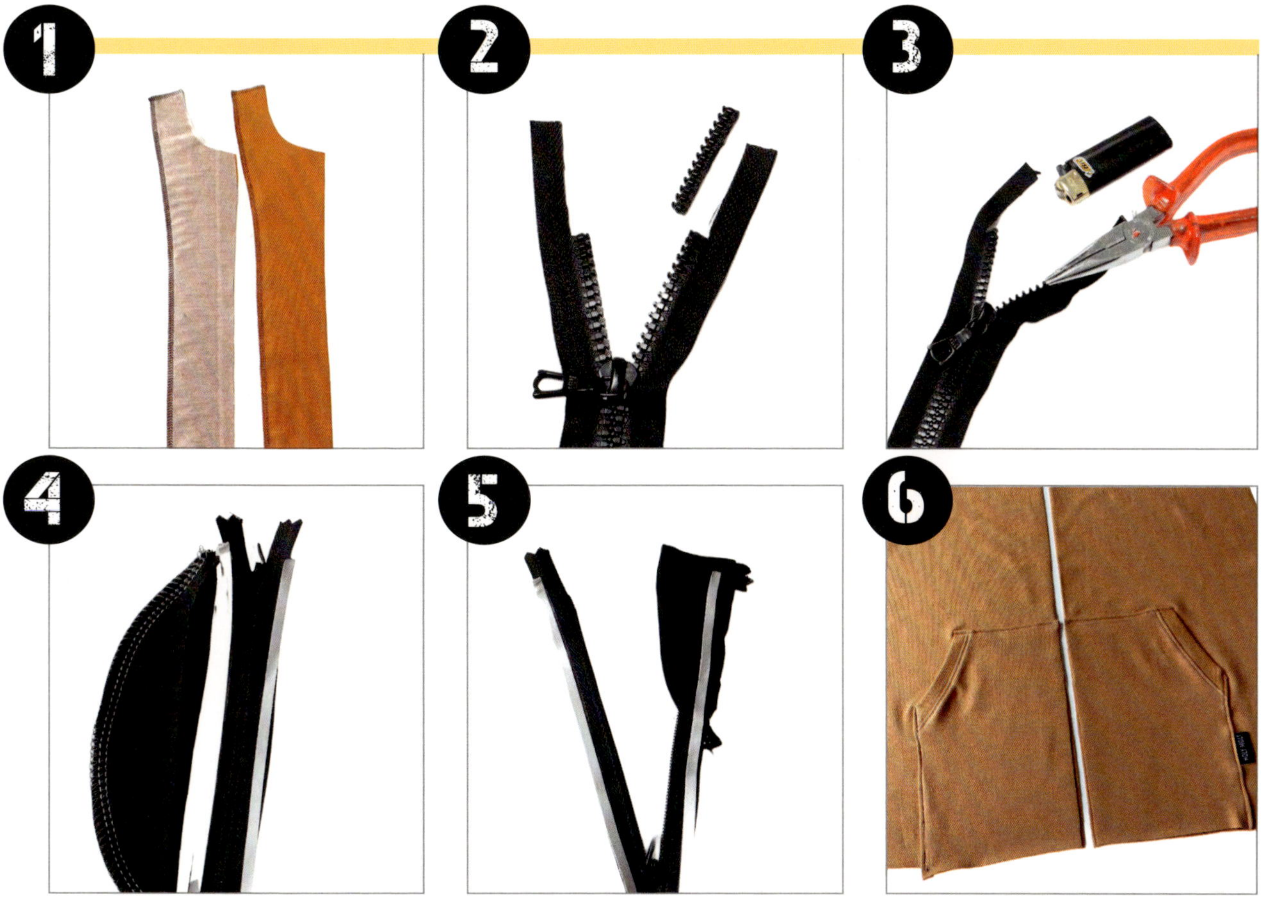

LET'S GO

1 Die Bügeleinlage auf die linke Stoffseite der beiden Belege bügeln. Die äußere Kante sowie das kurze Schulterteil der Belege mit der Overlock versäubern.

2 Den Reißverschluss falls nötig auf die passende Länge kürzen (vom Halsausschnitt bis zur Mitte des Bündchens messen). Das überstehende Reißverschlussband auf 2 cm kürzen.

3 Damit der Schieber später nicht herausrutscht, die beiden letzten Zähnchen beim Kunststoffreißverschluss mit dem Feuerzeug schmelzen und mit einer Zange zusammendrücken. Beim Metallreißverschluss die überstehenden Enden von Hand mit ein paar Stichen vernähen oder im Fachgeschäft einen Stopper einsetzen lassen.

4 Die Schnittteile für den Kinnschutz r-a-r aufeinanderstecken und an der langen Seite zusammennähen. Die Nahtzugaben zurückscheiden. Auf rechts wenden, flach bügeln und an das obere Reißverschlussende stecken, dabei zeigt die Öffnung nach außen. Mit einem Geradstich an das Reißverschlussende nähen.

5 Doppelseitig klebendes Nahtband an beiden Vorderseiten des Reißverschlusses anbringen, auch über den Kinnschutz. Es sollte bündig mit den Außenkanten sein. Nach Wunsch am Vorderteil die beiden Kanten in der vorderen Mitte mit einem 2 cm breiten Streifen Bügeleinlage verstärken. Dies erleichtert das Annähen des Reißverschlusses auf dehnbaren Stoff.

6 Nach Wunsch die Kangoo-Tasche aufnähen (siehe S. 106). Achte darauf, dass beide Taschenkanten auf gleicher Höhe liegen. Die Tasche wird einlagig genäht, da sie in doppelter Stofflage zu wuchtig für den Reißverschluss wäre.

7

8

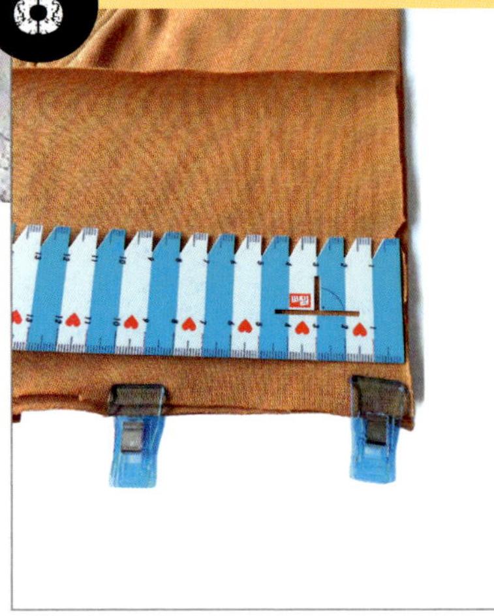

9

10

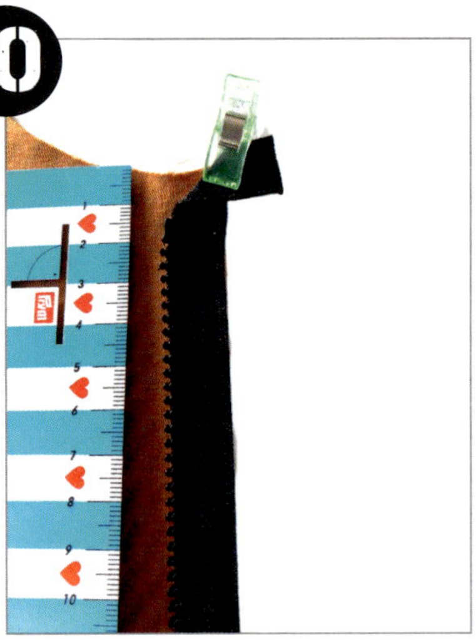

11

12

7 Das Saumbündchen längs mittig falten. An den beiden kurzen Kanten des Saumbündchens mit einem Knips in die Nahtzugabe die Mitte markieren.

8 Das Bündchen offen r-a-r auf den Vorderteilsaum legen. Die Kanten feststecken. Das Bündchen an beiden Enden ca. 8 cm lang mit Geradstich annähen.

9 Den Reißverschluss vom Halsausschnitt bis zur Mitte des Bündchens ans Vorderteil anlegen.

10 Den Reißverschluss mithilfe des Nahtbands r-a-r an die Kanten kleben; alternativ gut feststecken. Der Abstand zur Halsausschnittkante beträgt 1 cm. Das obere Ende des Reißverschlusses nach außen klappen.

11 Am unteren Ende liegt der Reißverschluss mit 1 cm Nahtzugabe zur Mittelmarkierung auf dem Bündchen.

12 Den Reißverschluss mit Geradstich und dem Reißverschlussfuß ans Vorderteil nähen. Nähe dicht an den Zähnchen entlang, damit die Nadel nicht in den Klebestreifen sticht und verklebt. Am Schieber die Nadel im Stoff versenken, das Füßchen anheben, den Schieber nach hinten ziehen, das Füßchen wieder senken und weiternähen.

13 Die Oberkante der Tasche mit einer Stecknadel auf dem losen Reißverschlussband markieren.

14 Das lose Reißverschlussband r-a-r auf die andere Vorderseitenkante legen und feststecken. Dabei darauf achten, dass die Taschenoberkante auf die Stecknadelmarkierung des Reißverschlussbands trifft. Das Reißverschlussband am Halsausschnitt nach außen umklappen.

15 Den fixierten Reißverschluss vor dem Nähen noch mal von vorn anschauen, dabei darauf achten, dass die Taschen- und Bündchennähte sowie beide Seiten des Halsausschnitts genau aufeinandertreffen.

16 Die zweite Reißverschlussseite annähen.

17 Die beiden Belege r-a-r aufs Vorderteil legen und am unteren Ende des Bündchens befestigen und mit einem Geradstich annähen.

13

14

15

16

17

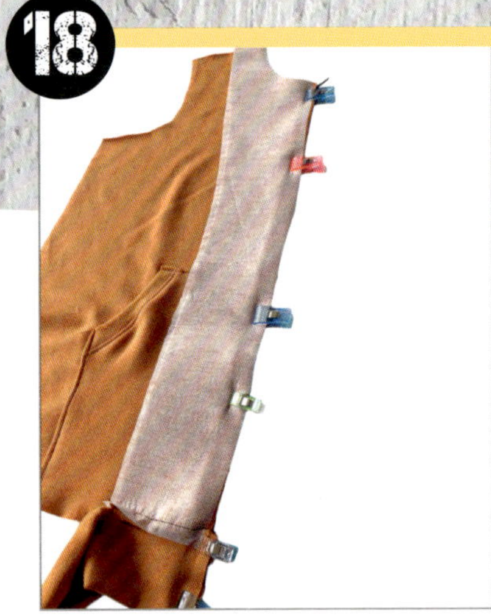

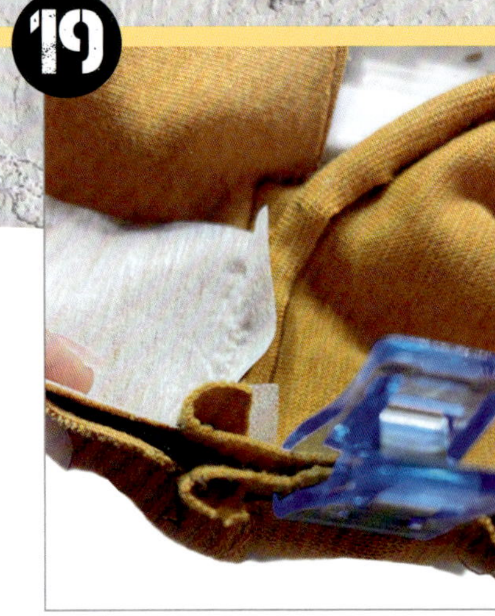

18 Die Belege an der Halsausschnittkante bündig legen und über die ganze Länge am Vorderteil feststecken.

19 Die Nahtzugaben der Bündchen nach unten klappen, dabei darauf achten, dass die beiden Bündchen genau aufeinanderliegen.

20 Die Belege mit einem Geradstich annähen. Dazu den Beleg nach unten legen, damit du auf der vorherigen Naht nähen kannst.

21 Der Reißverschluss ist nun schön sauber zwischen Beleg und Vorderteil angenäht.

22 Die Schulternähte schließen, dabei die beiden Belegteile nach unten klappen; sie werden erst später angenäht.

23 Die Ärmel einnähen und die Seiten- sowie Ärmelnähte in einem Arbeitsgang schließen (siehe S. 41)

» ZIP-HOOD'EE IN KOMBINATION MIT DER XL-BEANIE (SIEHE S. 86)

24 Das Saumbündchen über die ganze Länge hochklappen und r-a-r mit einer leichten Dehnung am Saum feststecken.

25 Das Saumbündchen so nah wie möglich an den Reißverschluss stecken. Du kannst das Bündchenende auch auf links wenden, damit du es bis zum Ende feststecken kannst.

26 Das Bündchen mit der Overlock annähen. Das Bündchenende auf rechts wenden, damit verschwindet die Naht hinter dem Beleg und es ist schön sauber vernäht. Die Bündchennaht knappkantig absteppen.

27 Die Kapuze nähen (siehe S. 120). Wenn du die Kapuze mit Ösen nähen möchtest, auf der linken Stoffseite der Außenkapuze Wonder Dots oder Bügeleinlagenreste aufbügeln.

28 Die Ösen nach Wunsch ca. 2 cm von der seitlichen und 3 cm von der unteren Kante anbringen.

29 An der Vorderkante der Kapuze einen ca. 2 cm breiten Tunnel von der einen Öse zur anderen nähen.

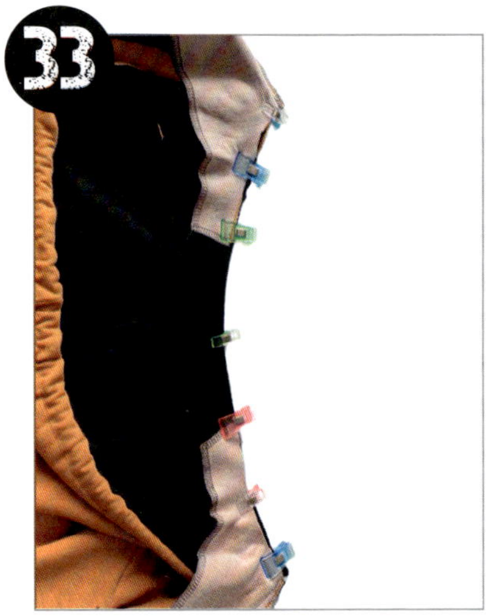

30 Die Kordel einziehen

31 Die fertige Kapuze r-a-r auf den Halsausschnitt stecken.

32 Den Beleg über die Kapuze legen. Die Kapuze befindet sich zwischen Beleg und Vorderteil.

33 Den Beleg bis zur Schulternaht feststecken.

34 Die Strecke vom Beleg bis zur Schulternaht mit einem Geradstich auf beiden Seiten nähen, damit nichts verrutscht.

35 Nach Wunsch den Halsausschnitt zwischen den Belegenden mit einem Jerseystreifen versäubern. Dazu einen 3 cm breiten Jerseystreifen in der Länge des hinteren Kragenausschnitts plus 1 cm Nahtzugabe an beiden Enden zuschneiden. Den Streifen r-a-r auf den Ausschnitt stecken. Die Naht von einem Ende des Reißverschlusses über den Halsausschnitt bis zur anderen Seite des Reißverschlusses schließen.

36 Die Nahtzugaben an den Belegecken kurz vor der Naht schräg abknipsen.

37 Den Beleg nach innen wenden. Der Reißverschluss liegt sauber zwischen Beleg und Vorderteil.

36

37

38

39

38 Den Versäuberungsstreifen um die Nahtzugabe falten und mit Stecknadeln fixieren. Die Enden hinter dem Beleg verstecken. Den Beleg auf die Schulternaht stecken und feststeppen. Den Versäuberungsstreifen knappkantig feststeppen, dabei darauf achten, dass sich in der Spule ein farblich zum Oberstoff passendes Garn befindert, sonst sieht man am Rückenteil eine Naht parallel zur Kragennaht.

39 Nach Wunsch vor dem Annähen des Jerseystreifens einen Aufhänger oder ein Label zwischen die Stofflagen schieben und mitfassen.

VARIANTEN NÄHEN

Anstelle der Kapuze kannst du am Halsausschnitt ein Kragenbündchen annähen (siehe S. 83).

Auch mit schrägen Seitennähten sieht der Zip-Hood*ee supercool aus (siehe S. 43). Der Reißverschluss wird genauso angenäht wie bei der Variante mit geraden Seitennähten.

CARD*EE

SCHWIERIGKEITSGRAD ●●

*Der Cardigan Card*ee ist ein kuscheliger Alltagsbegleiter und lässt sich ideal einfach drüberziehen. Mit einer etwas taillierten und einer geraden Passform sowie einer hüftlangen und einer langen Variante ist der Schnitt sowohl für Jungen als auch für Mädchen geeignet.*

DAS BRAUCHST DU

	Größen 128/134	Größen 140/146	Größen 152/158	Größen 164/170	Größe 176
Oberstoff für die Basic-Variante: Strickstoff, Jacquard, Sweat oder French Terry, 140 cm breit	1,00 m	1,10 m	1,20 m	1,30 m	1,40 m
Oberstoff für die lange Variante: Strickstoff, Jacquard, Sweat oder French Terry, 140 cm breit	1,20 m	1,30 m	1,40 m	1,50 m	1,60 m
Futterstoff: Jersey, 140 cm breit	40 cm	40 cm	40 cm	40 cm	40 cm
farblich passendes Nähgarn					

Hinweis
Achte darauf, dass der Strickstoff nicht zu fein oder zu stretchig ist, damit das fertige Stück gut seine Passform behält. Ideal ist ein Stoffgewicht über 220 g pro Quadratmeter.

Schnittmusterbogen 2A und 2B

ZUSCHNITT

Alle Teile mit 1 cm Nahtzugabe zuschneiden. Für die taillierte Variante Vorder- und Rückenteil seitlich an den gewölbten Linien zuschneiden. Vorder- und Rückenteil für die hüftlange Variante an der Linie „Basic“ zuschneiden

Oberstoff

- 1x Vorderteil gegengleich
- 1x Rückenteil im Stoffbruch
- 2x Ärmel gegengleich
- 2x Kapuze gegengleich
- 1x Saumbündchen im Stoffbruch
- 1x Knopfleiste im Stoffbruch
- 2x Tasche gegengleich
- 2x Ärmelsaumbündchen gegengleich
- 2x Taschenbündchen

Futterstoff

- 2x Kapuze gegengleich

VARIANTEN

- Passform: gerade oder tailliert
- Länge: hüftlang (basic) oder lang

LET'S GO

1 Die Taschenzuschnitte an den seitlichen Kanten und der Unterkante versäubern. Die Taschenbündchen längs mittig l-a-l falten und r-a-r leicht gedehnt auf die Oberkante der Taschen stecken.

2 Die Naht knappkantig absteppen.

3 Die Nahtzugabe der versäuberten Taschenkanten auf links umklappen, bügeln und feststecken. Die Taschen markierungsgemäß aufs Vorderteil stecken und annähen.

Hinweis
Das Schrittfoto zeigt den langen Card*ee. Bei der hüftlangen Variante befinden sich die Taschen näher am Saum.

» DER CARD*EE KANN AUCH MIT EINEM KNEBELKOPFVERSCHLUSS GENÄHT WERDEN.

4
5
6
7
8
9
10
11
12

4 Die Vorderteile r-a-r auf das Rückenteil legen und die Schulternähte schließen.

5 Die Ärmel jeweils r-a-r mit Klammern am Armausschnitt befestigen, dabei darauf achten, dass die Markierungen an der vorderen Ärmelseite und im Vorderteil aufeinandertreffen. Die Markierung in der Mitte der Armkugel trifft auf die Schulternaht.

6 Die Strecken zwischen den Klammern gleichmäßig zusammenstecken, dabei die Wölbung der Armkugel beachten. Die Ärmel mit der Overlock annähen.

7 Die Vorderteile r-a-r aufs Rückenteil legen und die Kanten vom Ärmel bis zum Saum zusammenstecken. Die Naht mit der Overlock in einem Arbeitsgang schließen, dabei darauf achten, dass die Nähte genau aufeinandertreffen. Wo die Nähte aufeinandertreffen, eine Nahtzugabe nach links, die andere nach rechts falten.

8 Den Card*ee auf rechts wenden. Das Saumbündchen der Länge nach l-a-l halbieren und die Kanten mit Klammern fixieren.

9 Das Bündchen leicht gedehnt über die ganze Länge des Saumes stecken und annähen.

Hinweis
Du kannst das Bündchen auch aus Jersey oder Sweat nähen. Wie du die richtige Länge berechnest, findest du auf S. 113.

10 Die Naht knappkantig absteppen.

11 Die beiden Teile für die Außen- und die Innenkapuze jeweils r-a-r aufeinanderlegen und entlang der Kopfrundung zusammennähen. Die Innenkapuze r-a-r in die Außenkapuze stecken.

12 Die Knopfleiste der Länge nach mittig l-a-l falten und die Kanten mit Klammern fixieren.

Hinweis
Die Knopfleiste läuft über beide Vorderkanten inklusive Kapuze. Falls der Stoff nicht ausreicht, kannst du sie auch aus mehreren Teilen nähen. Beachte, dass die Nahtstrecke mit Einhaltweite für Strickstoff berechnet ist und für Jersey oder Sweat etwas verlängert werden muss.

13

14

15

16

17

19

13 Die Mitte der Knopfleiste markieren und auf die Mittelnaht von Innen- und Außenkapuze stecken, die offenen Kanten zeigen nach außen. Die Knopfleiste liegt zwischen Innen- und Außenkapuze. Gleichmäßig und ohne Dehnung an die Vorderteile feststecken.

14 Die Knopfleiste an der Kapuze annähen, dabei darauf achten, dass die Stofflagen nicht verrutschen. Die Kapuze auf rechts wenden.

15 Das Bündchen liegt nun zwischen den beiden Kapuzen ohne sichtbaren Nähte.

16 Die Kapuze mit der Mittelnaht r-a-r an die hintere Mitte des Rückenteils stecken. Achte darauf, dass die beiden Kapuzennähte genau aufeinanderliegen. Die Kapuze und die Knopfleiste anschließend an Halsausschnitt und den Vorderkanten bis zum Saum gleichmäßig und leicht gedehnt feststecken.

Tipp
Mit der Streifenversäuberung (siehe S. 121) bekommt dein Card*ee ein sauberes Innenleben.

17 Das Ende der Knopfleiste am Saum etwas überlappen lassen und die Nahtzugabe nach innen falten.

18 Die ganze Naht von einem Saum über den Kragen bis zum anderen Saum schließen.

19 Die Fadenraupe mithilfe einer Nadel zurück in die Naht ziehen. Die Nahtzugabe auf eine Seite pressen und knappkantig absteppen.

21

20 Die Ärmelsaumbündchen annähen (siehe S. 113).

21 Fertig ist der Card*ee. Er kann leger offen getragen werden oder du nähst Knopflöcher und Knöpfe an.

BUX*EE

SCHWIERIGKEITSGRAD ●●

*Mit schmalem Bein und tiefem Schritt sieht die coole Bux*ee nicht nur lässig aus, sondern ist auch superbequem. Du kannst die Hose für den Sommer als Shorts aus leichtem French Terry oder für den Winter aus festerem Jeansjersey nähen. Viele Extras wie seitliche Cargotaschen, tiefsitzende Gesäßtaschen oder eine verspielte Fake-Knopfleiste runden das Design ab. So lässt sich die Hose zu verschiedenen Anlässen tragen. Für einen extra sportlichen Look ist mit einer tieferen Schrittvariante und hohen Beinbündchen gesorgt. Für einen Casual Look säumst du das Bein einfach mit paar coolen Turn-ups. Für den Sommer nähst du die Bux*ee als lässige Shorts oder als Siebenachtel-Hose.*

DAS BRAUCHST DU

	Größen 128/134	Größen 140/146	Größen 152/158	Größen 164/170	Größe 176
Oberstoff für die lange Hose: French Terry oder Jeansjersey, 150 cm breit	80 cm	90 cm	1,00 m	1,20 m	1,40 m
Oberstoff für die Shorts: French Terry oder Jeansjersey, 150 cm breit	60 cm	70 cm	80 cm	90 cm	1,00 m
Bündchenstoff	70 cm x 50 cm	70 cm x 50 cm	70 cm x 50 cm	70 cm x 50 cm	70 cm x 50 cm
Gummiband (je nach Variante), 2–3 cm breit, 1 m					
Kordelrest (optional)					

Hinweis
Verwendest du gemusterten Stoff, kann der Verbrauch größer sein. Der verwendete Stoff sollte nicht zu dünn sein, damit die Bux*ee ihre Form behält. Bei festerem Stoff wie Jeansjersey gibt der Zwickel im Schritt etwas mehr Bewegungsfreiheit. Wähle bei kräftigeren Beinen die nächstgrößere Größe. Der breite Bauchbund ist für kleinere und kräftigere Kinder gut geeignet, da er auch ohne Kordel oder Gummizug nicht rutscht. Den Basic-Bauchbund kannst du mit Gummizug oder Kordel nähen.

Schnittmusterbogen 1A und 2B

» SIEBENACHTEL-HOSE BUX*EE AUS SWEAT MIT HOHEM SCHRITT (MITTE), SHORTS AUS JEANS-JERSEY MIT TIEFEM SCHRITT UND TURN-UPS (2. VON RECHTS), LANGE VARIANTE AUS JEANS-JERSEY MIT HOHEM SCHRITT UND TURN-UPS (GANZ RECHTS)

ZUSCHNITT

Alle Teile mit 1 cm Nahtzugabe zuschneiden. Für die unterschiedlichen Längen Vorder- und Hinterhose jeweils an der entsprechenden Markierung zuschneiden. Bei der Turn-ups-Variante 2-3 cm Saumzugabe zugeben. Die Cargotasche an der Oberkante mit 1,5 cm Nahtzugabe zuschneiden, an den übrigen Kanten mit 1 cm.
Die seitlichen Eingrifftaschen können mit oder ohne sichtbare Nähte genäht werden. Für die Variante ohne sichtbaren Nähte den vorderen und hinteren Taschenbeutel jeweils 1x gegengleich zuschneiden. Für die Variante mit einer sichtbare Ziernaht nur den hinteren Taschenbeutel 1x gegengleich zuschneiden. Die Gesäßtaschen nach Wunsch in eckiger oder runder Form zuschneiden.

Oberstoff

- 1x Vorderhose im Stoffbruch
- 1x Hinterhose im Stoffbruch
- 1x Bauchbund (basic) im Stoffbruch (je nach Variante)
- 1x vorderer Taschenbeutel gegengleich (je nach Variante)
- 1x hinterer Taschenbeutel gegengleich (je nach Variante
- 2x Cargotasche + 2x Patte gegengleich (optional)
- 2x Gesäßtaschen gegengleich (optional)
- 2x Knopfleiste gegengleich (optional)
- 1x Zwickel (optional) (Schnittmuster siehe All-in-One*see)

Bündchenstoff

- 2x breiter Bauchbund gegengleich (je nach Variante)
- 2x Tascheneingriffbündchen
- 2x Beinsaumbündchen gegengleich (je nach Variante)

» DIE ANLEITUNG FÜR DIE GESÄß- UND CARGOTASCHEN FINDEST DU AUF SEITE 105 BZW. SEITE 107.

VARIANTEN

- Länge: lang mit Beinbündchen, lang mit Turn-ups, Shorts, siebenachtellang
- Schritt: hoch oder extra tief
- Taschen: Eingrifftaschen vorn, runde oder eckige Gesäßtaschen, Cargotaschen

LET'S GO

1 Die vorderen Eingrifftaschen mit oder ohne sichtbare Nähte (siehe S. 109/110) bzw. mit einer Ziernaht nähen. Nach Wunsch die Fake-Knopfleiste annähen (siehe S. 116).

2 Nach Wunsch auf die Hinterhose markierungsgemäß Gesäßtaschen aufnähen (siehe S. 104/105).

3 Vorder- und Hinterhose r-a-r aufeinanderlegen und die Seitenkanten mit einer dehnbaren Naht zusammennähen. Der Taschenbeutel wird in der Seitennaht mitgefasst.

1

2

3

4

5

6

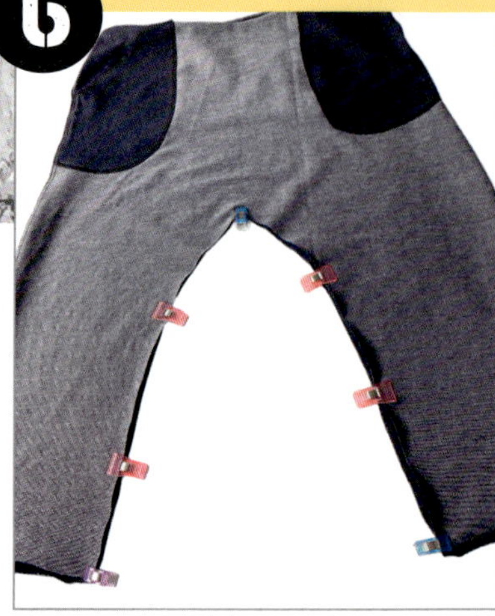

7

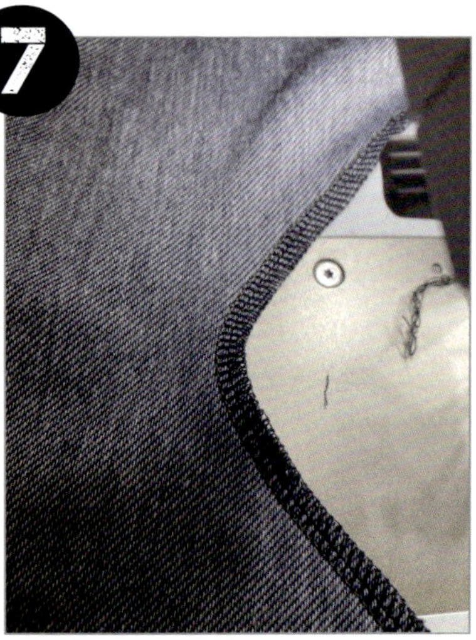

8

9

4 Die Hose auf rechts wenden. Nach Wunsch die Cargotaschen (siehe S. 107) annähen.

5 Die Seitennähte knappkantig absteppen

6 Vorder- und Hinterhose r-a-r legen und die Schrittnaht mit Klammern fixieren, dabei zunächst Klammern im Schritt und an den Beinsäumen setzen und anschließend die Zwischenräume gleichmäßig fixieren. Nach Wunsch kannst du an dieser Stelle einen Zwickel (siehe S. 117) annähen.

7 Die Naht in einem Arbeitsgang mit einem dehnbaren Stich schließen. In der Schrittwölbung langsam nähen. Die Naht im Schritt nochmals mit einem Dreifachgeradstich für mehr Stabilität absteppen.

8 Die Hose auf rechts wenden. Die Teile für den breiten Bauchbund r-a-r bündig aufeinanderlegen und die konisch gewölbten Seiten zusammennähen (siehe S. 112). Alternativ kannst du den Basic-Bauchbund mit Gummizug oder Ösen und Kordel nähen (siehe S. 114/115).

9 Den Bund auf rechts wenden und l-a-l falten. Mithilfe von Klammern in vier gleich große Abschnitte teilen. Nach Wunsch eine Fake-Kordel am Hosenbund befestigen.

» BUX*EE AUS SWEAT MIT SEITLICHER CARGOTASCHE IN KOMBINATION MIT RAGLAN-TEE UND CROP*EE

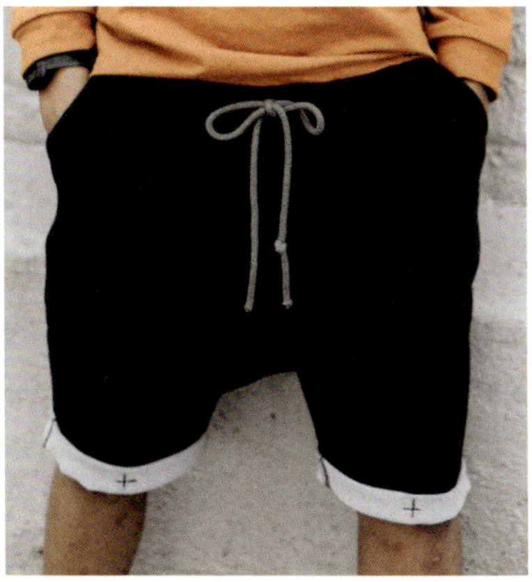

Hinweis
Alternativ zu den Beinsaumbündchen kannst du am Hosensaum einfach „Turn-ups" nähen. Dazu den Saum mit einer Overlock- oder Zickzacknaht versäubern. Die Saumzugabe zweimal nach außen umklappen und an den Seiten feststeppen. Damit sich der Saum nicht aufrollt, kannst du mittig noch ein cooles X aufnähen.

10 Den Bund am Hosenbund fixieren, dabei liegen die seitlichen Nähte des Bündchens auf den Seitennähten der Hose, die beiden anderen Klammern treffen jeweils auf die vordere bzw. hintere Mitte. Den Bund mit einer dehnbaren Naht annähen, dabei das Bündchen vorsichtig auf die Weite des Hosenbunds dehnen.

12 Die Beinsaumbündchen jeweils r-a-r aufeinanderlegen und die langen, gewölbten Kanten zusammennähen (siehe S. 111). Das Bündchen auf rechts wenden und mittig falten.

13 Beinsaumbündchen über den Hosensaum ziehen und mithilfe von Klammern gleichmäßig anstecken und annähen. Fertig ist die Bux*ee.

10

11

12

LATZ*EE

SCHWIERIGKEITSGRAD ●●

*Die lockere Passform macht die Latz*ee nicht nur supercool, sondern auch total bequem. Ob im Sommer mit einem Tanktop oder im Herbst mit warmem Wollpulli – die Latz*ee lässt sich bei jeder Jahreszeit tragen. Du kannst sie in Siebenachtellänge mit Turn-ups, lang mit hohen Beinbündchen oder sogar als Kleid nähen.*

DAS BRAUCHST DU

	Größen 128/134	Größen 140/146	Größen 152/158	Größen 164/170	Größe 176
Oberstoff für die Hose: unifarbener French Terry, Sweat oder Jeansjersey, 150 cm breit	1,40 m	1,50 m	1,60 m	1,70 m	1,80 m
Oberstoff für das Kleid: unifarbener French Terry, Sweat oder Jeansjersey, 150 cm breit	1,00 m	1,20 m	1,30 m	1,40 m	1,50 m
Bündchenstoff	30 cm	30 cm	30 cm	30 cm	30 cm
4 Wonder Dots, alternativ Rest Bügeleinlage					
2 Ösen, ø 8 mm					
Wäschegummi (Kleid), 1 cm breit, 1 m					
farblich passendes Nähgarn					

Hinweis
Verwendest du gemusterten Stoff, kann der Verbrauch größer sein. Wenn du die Latz*ee aus Jersey nähst, fällt sie größer aus. Wähle für einen Baggy-Look die nächstgrößere Größe.

Schnittmusterbogen 1A, 1B, 2A und 2B

» FÜR EINEN BAGGY-LOOK DIE LATZ*EE EINFACH IN DER NÄCHSTGRÖßEREN GRÖßE NÄHEN.

xoxox

ZUSCHNITT

Alle Teile mit 1 cm Nahtzugabe zuschneiden. Für das Kleid Vorder- und Rückenteil an der entsprechenden Markierung und mit 2–3 cm Saumzugabe (alternativ gewünschte Länge am Kind ausmessen) zuschneiden. Für die unterschiedlichen Hosenlängen Vorder- und Rückenteil jeweils an der entsprechenden Markierung zuschneiden. Bei der Turn-ups-Variante 2-3 cm Saumzugabe zugeben.
Die Kangoo-Tasche kannst du auch nur einmal zuschneiden und mit zwei Tascheneingriffbündchen nähen. Die Cargotasche an der Oberkante mit 1,5 cm Nahtzugabe zuschneiden, an den übrigen Kanten mit 1 cm. Die Schnittteile für die Patte rundherum mit 1 cm Nahtzugabe zuschneiden. Das Schnittmuster für die Cargotasche sowie das Beinbündchen findest du bei der Bux*ee (siehe S. 64), für die Kangoo-Tasche bei dem Modell Dress*ee (siehe S. 22). Für mehr Bewegungsfreiheit kannst du einen Zwickel annähen. Das Schnittmuster findest du beim All-in-One*see (siehe S. 76)

Oberstoff

- 1x Vorderteil im Stoffbruch
- 1x Rückenteil im Stoffbruch
- 1x vorderer Beleg im Stoffbruch
- 1x rückwärtiger Beleg im Stoffbruch
- 2x Träger
- 2x Cargotasche + 2x Patte (optional)
- 2x Kangoo-Tasche im Stoffbruch (optional)
- 1x Zwickel (optional)

Bündchenstoff

- 2x Beinbündchen gegengleich (optional)

VARIANTEN

Form: Hose, Kleid
Länge Hose: lang mit Turn-ups, lang mit Beinbündchen, siebenachtellang
Taschen: Kangoo-Tasche, Gesäßtaschen, Cargotaschen

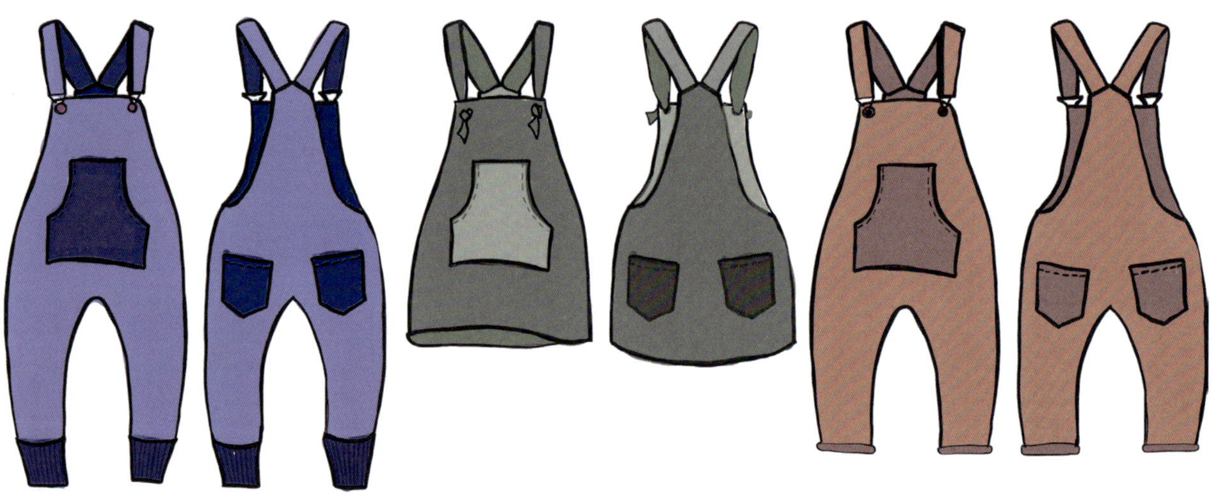

» ALTERNATIV KANNST DU HOSENTRÄGERSCHNALLEN UND SCHIEBER AN DEN TRÄGERN ANBRINGEN

LET'S GO

Die Latz*ee

1 Die Träger längs r-a-r falten, die Kanten mit Klammern fixieren und an der langen und einer kurzen Seite zusammennähen.

2 Die Träger mithilfe eines Wendetools auf rechts wenden. Die Ecken ausformen.

3 Die Träger nebeneinander mit je 1 cm Abstand zum rechten und linken Rand r-a-r an der oberen Kante des Rückenteils bzw. der Hinterhose platzieren. Die offenen Kanten liegen bündig aufeinander.

4 Den rückwärtigen Beleg r-a-r darüberlegen, an der oberen Kante feststecken und annähen. Dabei darauf achten, dass du die Träger nicht seitlich mitfasst.

5 Auf rechts wenden und die obere Kante ausformen.

6 Nach Wunsch die Kangoo-Tasche (siehe S. 105/106) auf das Vorderteil bzw. die Vorderhose nähen. Anschließend den vorderen Beleg r-a-r auf das Vorderteil bzw. die Vorderhose nähen. Auf Vorderteil und vorderen Beleg an den oberen Ecken im Inneren der Hose Wonder Dots bügeln. Das Vorderteil auf rechts wenden und die Ösen anbringen.

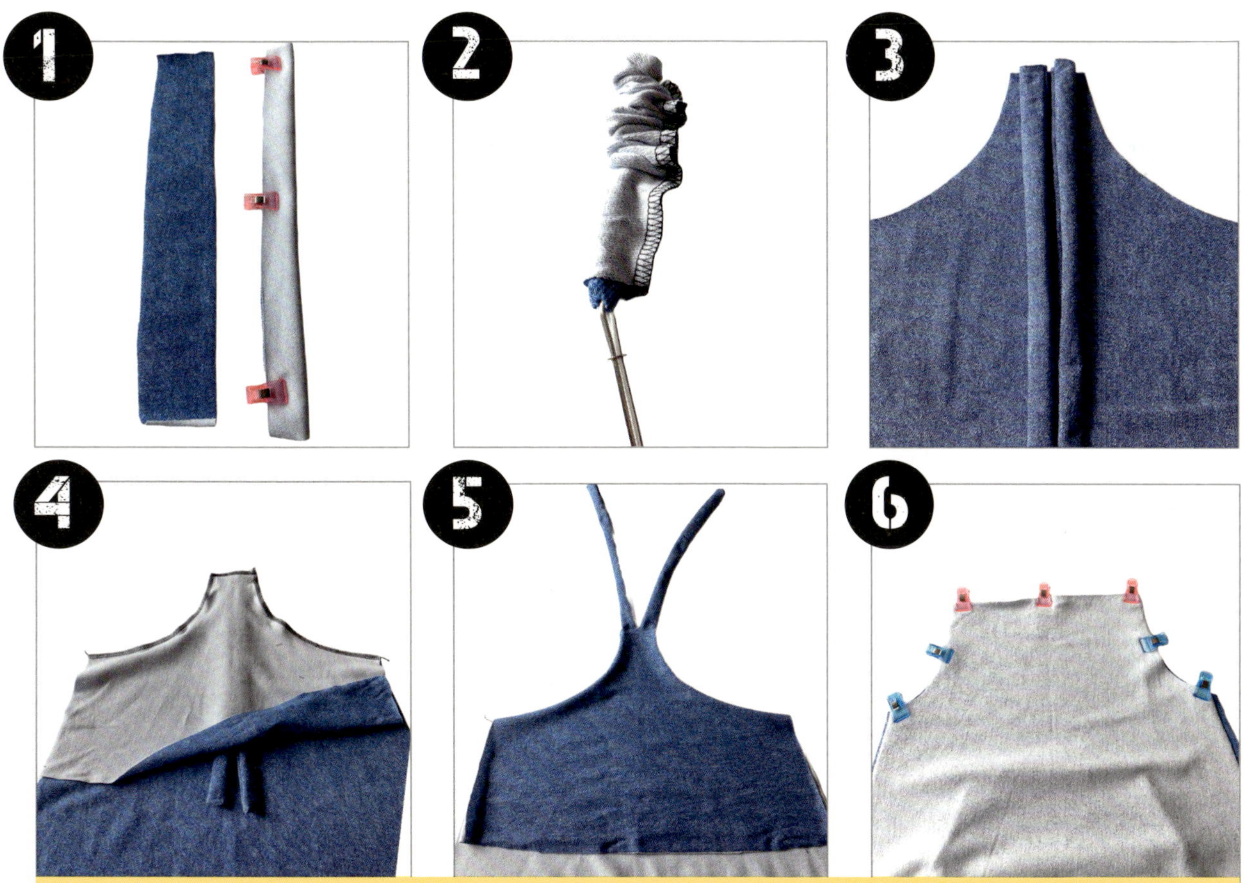

7

8

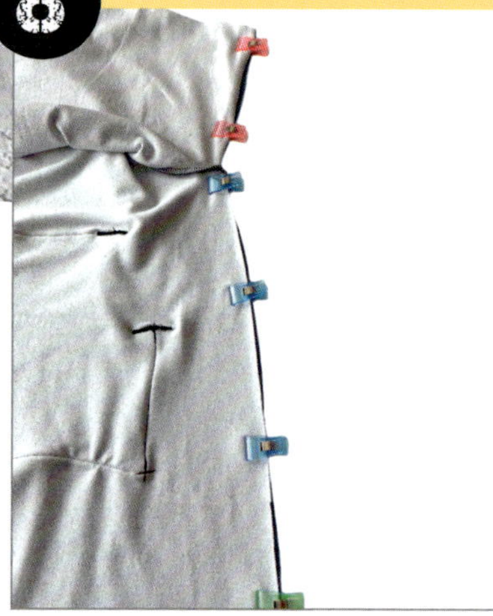

9

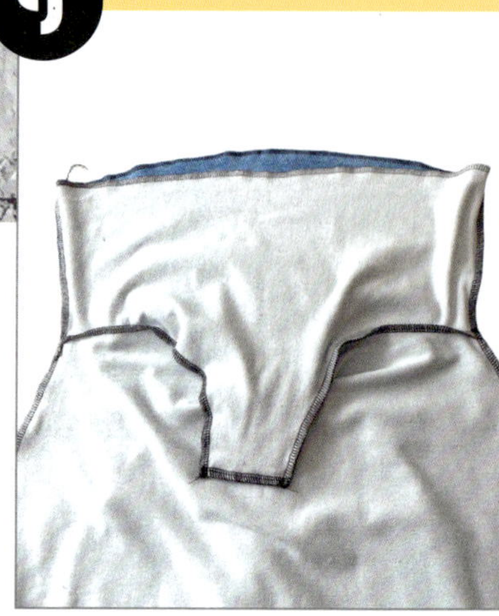

10

11

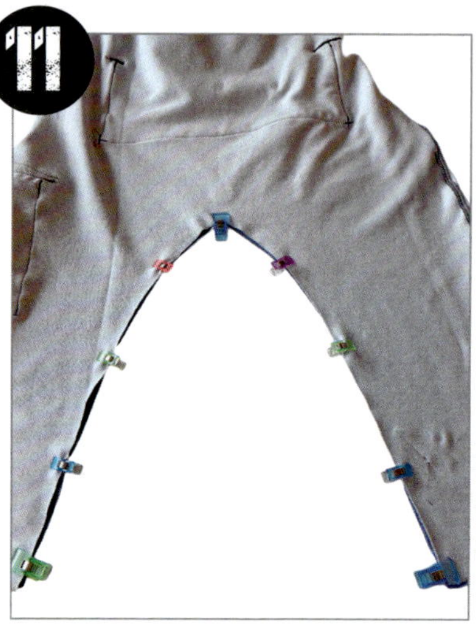

13

7 Das Vorderteil r-a-r aufs Rückenteil legen. Die Belege aufgeklappt und ebenfalls r-a-r aufeinanderlegen. Darauf achten, dass die Nähte genau aufeinandertreffen. Mit Klammern fixieren.

8 Vorder- und Rückenteil sowie die Belege in einem Arbeitsgang zusammennähen. Die Nahtzugaben an den Belegen versäubern.

9 Latz*ee auf rechts wenden, die Belege nach innen legen. Die Seitennaht flach pressen und die Belege auf die Naht stecken, dabei darauf achten, dass die beiden Nähte jeweils genau aufeinandertreffen.

10 Die Seitennaht inklusive Belege knappkantig absteppen.

11 Latz*ee auf links wenden. Vorder- und Hinterhose r-a-r legen und die Schrittnaht mit Klammern fixieren, dabei zunächst Klammern im Schritt und an den Beinsäumen setzen und anschließend die Zwischenräume gleichmäßig fixieren. Nach Wunsch kannst du an dieser Stelle einen Zwickel (siehe S. 117) annähen. Die Naht in einem Arbeitsgang mit einem dehnbaren Stich schließen. In der Schrittwölbung langsam nähen. Die Naht nochmals mit einem Dreifachgeradstich für mehr Stabilität absteppen.

12 An den Beinsäumen Bündchen (siehe S. 111) oder Turn-ups (siehe S. 69) nähen.

13 Die Träger durch die Ösen ziehen, die passende Länge ermitteln und die Enden entsprechend verknoten.
Alternativ kannst du Hosenträgerschnallen und Schieber an den Trägern anbringen (siehe S. 73).

LET'S GO

Das Latz*ee-Kleid

1 Das Latz*ee-Kleid wie bei der Latz*ee in Schritt 1–10 beschrieben nähen.

2 Den Saum mit der Overlock versäubern.

3 Die Saumzugabe zweimal nach innen klappen, damit die Versäuberungsnaht versteckt ist.

4 Den Saum knappkantig annähen.

5 Das Kleid hat eine leichte A-Form. Wenn du lieber einen ballonförmigen Look möchtest, am Saum eine kleine Öffnung lassen und einen Wäschegummi mithilfe einer Sicherheitsnadel einziehen.

6 Den Saum für den ballonförmigen Look auf die gewünschte Weite leicht raffen und die Gummienden zusammennähen. Die Öffnung im Saum schließen.

7 Die Träger wie bei der Latz*ee in Schritt 13 beschrieben im Vorderteil befestigen.

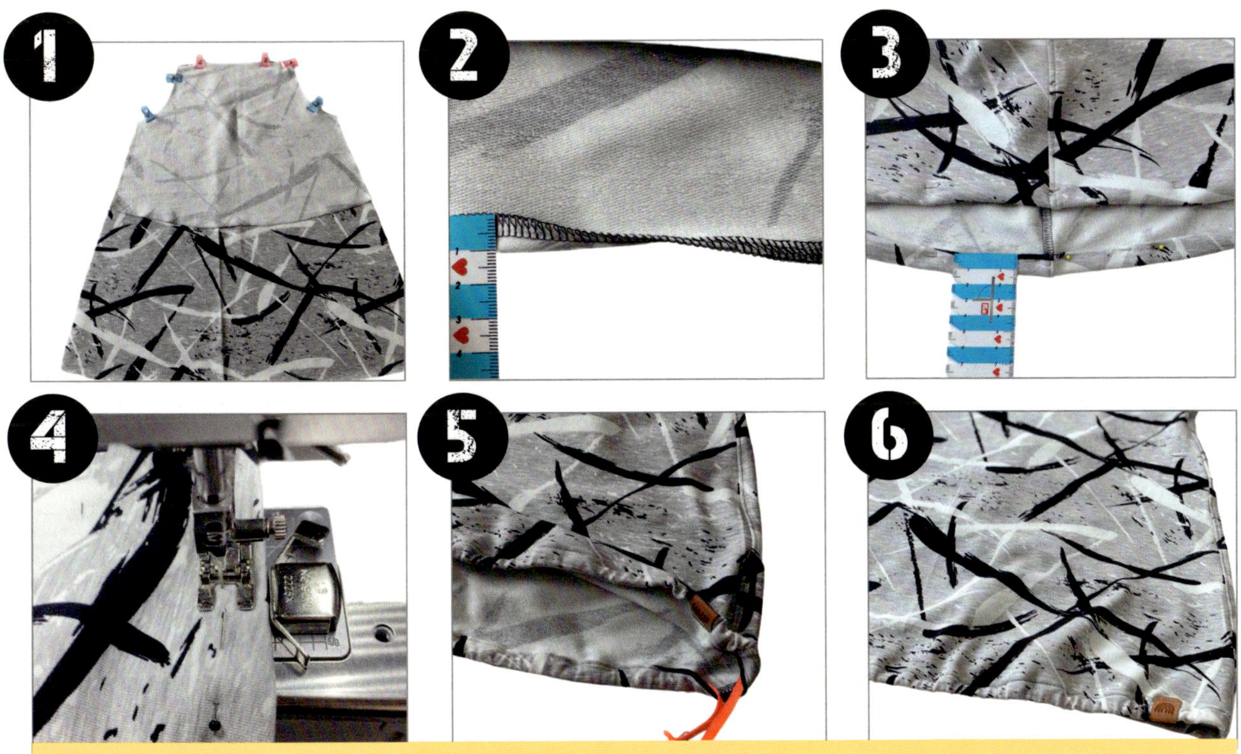

ALL-IN-ONE* SEE

SCHWIERIGKEITSGRAD ●●●

*Ein bequemer Einteiler zum Chillen gehört in jeden Teenie-Kleiderschrank. Der All-in-One*see ist nicht nur superbequem, sondern auch superstylisch mit tiefem Schritt und vielen tollen Accessoires. Die Beinform ist im Slimfit Harem Style und kann mit hohem Bündchen oder Turn-ups genäht werden. Außerdem stehen drei Ärmelvarianten zur Auswahl. Die seitlichen Cargotaschen von der Bux*ee können auch hier angenäht werden. Ein Zwickel im Schritt sorgt für mehr Tragekomfort und Beinfreiheit.*

DAS BRAUCHST DU

	Größen 128/134	Größen 140/146	Größen 152/158	Größen 164/170	Größe 176
Oberstoff: Sweat, Sommersweat oder French Terry, 150 cm breit	1,40 m	1,50 m	1,65 m	1,80 m	2,00 m
Bündchenstoff, 150 cm breit	40 cm	40 cm	45 cm	50 cm	50 cm
Futterstoff (je nach Variante), 150 cm breit	40 cm	40 cm	40 cm	40 cm	40 cm
Bügeleinlage (z. B. Vlieseline H 200)	60 cm x 20 cm	60 cm x 20 cm	70 cm x 20 cm	70 cm x 20 cm	70 cm x 20 cm
Reißverschluss	30 cm	30 cm	30 cm	35 cm	35 cm
doppelseitig klebendes Nahtband, 1,30 m					
farblich passendes Nähgarn					

Hinweis
Die Materialangaben beziehen sich auf die Variante mit langem Bein, langen Ärmeln und Kapuze. Für die Shorts fällt der Stoffverbrauch ca. 15 cm geringer aus. Der All-in-One*see fällt etwas größer aus, wenn er aus Jersey genäht wird. Wähle in diesem Fall ggf. die nächstkleinere Größe. Für einen Baggy-Look kannst du den All-in-One*see in der nächstgrößeren Größe nähen.

Schnittmusterbogen 1A, 2A und 2B

» ALL-IN-ONE*SEE MIT TANKTOP-ÄRMELN UND LANGEN BEINEN MIT BREITEN BÜNDCHEN.

ZUSCHNITT

Alle Schnittteile mit 1 cm Nahtzugabe zuschneiden. Am Vorderteil das Ende des Reißverschlusses mit Trickmarker auf dem Stoff anzeichnen. Für die unterschiedlichen Ärmel- und Beinlängen die Schnittteile jeweils an der entsprechenden Markierung zuschneiden. Die Cargotasche an der Oberkante mit 1,5 cm Nahtzugabe zuschneiden, an den übrigen Kanten mit 1 cm. Die Schnittteile für die Patte rundherum mit 1 cm Nahtzugabe zuschneiden.

Oberstoff

- 1x Vorderteil im Stoffbruch
- 1x Rückenteil im Stoffbruch
- 2x Ärmel gegengleich
- 2x Beleg Vorderteil gegengleich
- 1x Zwickel (optional)
- 1x Kangoo-Tasche im Stoffbruch
- 2x Kapuze gegengleich (je nach Variante)
- 2x Kinnschutz gegengleich (je nach Variante)

Futterstoff

- 2x Kapuze gegengleich (je nach Variante)

Bündchenstoff

- 2x Ärmelsaumbündchen (je nach Variante)
- 2x Beinsaumbündchen (je nach Variante)
- 1x Halsbündchen im Stoffbruch (je nach Variante)
- 2x Taschenbündchen
- 2x Tanktop-Bündchen (je nach Variante)

Bügeleinlage

- 2x Beleg gegengleich

VARIANTEN

- Ärmel: Kurzarm, Langarm mit hohen Bündchen oder als Tanktop
- Beinlänge: lang mit hohen Bündchen, lang mit Turn-ups, Siebenachtellänge oder Shorts (knielang)
- Halsausschnitt: Kapuze oder Halsbündchen
- mit oder ohne Kangoo-Tasche

» DIE CARGOTASCHE IM KONTRASTFARBENEN STOFF ALS BESONDERER HINGUCKER

LET'S GO

1 Das Vorderteil im Stoffbruch bis 2 cm vor der Markierung für das Ende des Reißverschlusses einschneiden, dabei die letzten 5 mm schräg einschneiden. Achte darauf, dass der Einschnitt genau 5 mm lang ist, damit es beim Nähen später keine Falten gibt.

Tipp
Falls der Reißverschluss etwas kürzer oder länger ist, kannst du das Reißverschlussende nach Wunsch nach oben oder nach unten versetzen. Achte in diesem Fall darauf, dass du den Reißverschluss mit der Position der Tasche abstimmst.

2 Nahtband auf beide Vorderseiten des Reißverschlusses kleben. Es sollte bündig mit den Außenkanten sein. Nach Wunsch am Vorderteil die beiden Kanten in der vorderen Mitte mit einem 2 cm breiten Streifen Bügeleinlage verstärken. Dies erleichtert das Annähen des Reißverschlusses auf dem dehnbaren Stoff.

1

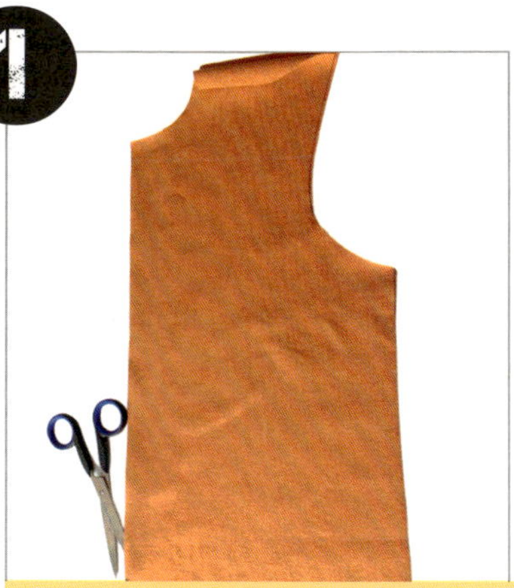

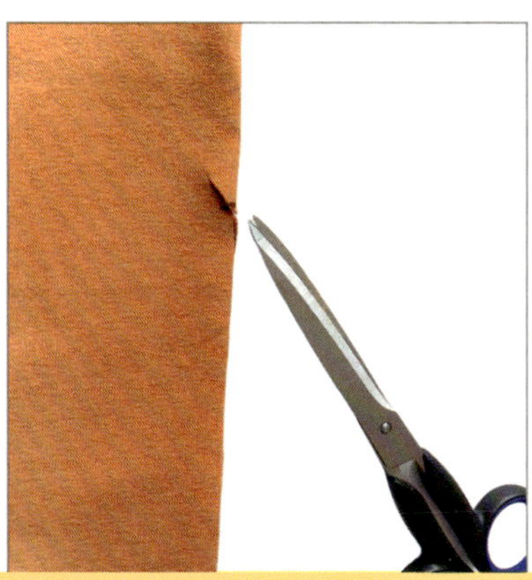

2

3
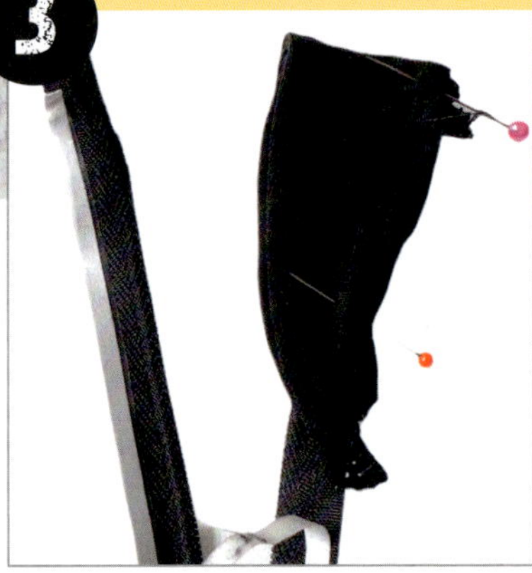
4
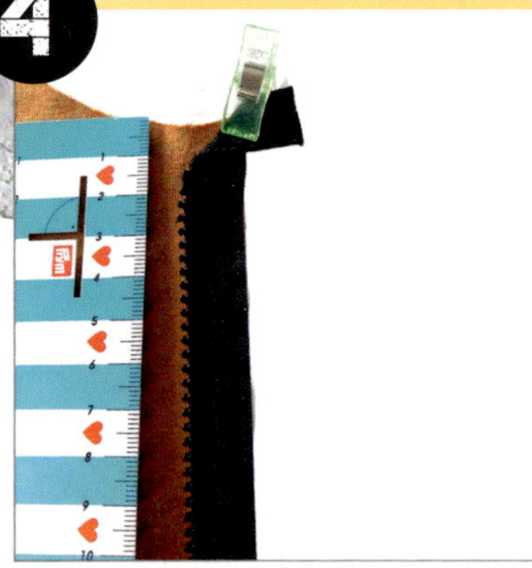
5

6

7

8

9

10

11

12

13

14

3 Nach Wunsch den Kinnschutz annähen. Dazu die Schnittteile für den Kinnschutz r-a-r aufeinanderstecken und an der langen Seite zusammennähen. Die Nahtzugaben zurückschneiden. Das Teil auf rechts wenden, flach bügeln und an das obere Reißverschlussende stecken, dabei zeigt die Öffnung nach außen. Mit einem Geradstich an das Reißverschlussende nähen

4 Eine Seite des Reißverschlusses mit 1 cm Nahtzugabe r-a-r an die Halsausschnittkante des Vorderteils legen. Der Abstand zur Halsausschnittkante beträgt 1 cm. Das obere Ende des Reißverschlusses nach außen klappen.

5 Eine Seite des Reißverschlusses bündig r-a-r mit dem Nahtband ankleben und mit Klammern fixieren.

6 Eine Nadel auf die Markierung vor dem eingeschnittenen Dreieck stecken.

7 Die erste Seite des Reißverschlusses mit Geradstich und Reißverschlussfuß annähen. Nähe dicht an den Zähnchen entlang, damit die Nadel nicht in den Klebestreifen sticht und verklebt. Nur bis zur markierten Stelle nähen. Die Naht am Ende mit einigen Stichen verriegeln.

8 Das Vorderteil mittig r-a-r falten und die zweite Reißverschlusshälfte ankleben. Die Markierung auch hier mit einer Stecknadel übertragen. Den Reißverschluss mit Geradstich möglichst nahe an den Zähnchen annähen.

9 Das kleine Dreieck am Reißverschlussende nach innen falten

10 Auf der rechten Stoffseite sollten an der Stelle keine Falten entstehen. Falls doch, werden sie später von der Kangoo-Tasche verdeckt.

11 Das Dreieck von links mit einigen Stichen am Reißverschlussende annähen, dabei nicht über die Enden nähen, sonst gibt es von außen Falten.

12 Die Bügeleinlage auf die linke Stoffseite der beiden Belege bügeln. Die äußere Kante, sowie das kurze Schulterteil der Belege mit der Overlock versäubern.

13 Die Belege jeweils r-a-r auf die Reißverschlussnaht legen und feststecken.

14 Von der anderen Seite ist die vorhandene Naht gut sichtbar.

15 Die Belege jeweils auf der bestehenden Naht annähen.

16 Die Enden der angenähten Belege und das Reißverschlussende in einem Arbeitsgang mit der Overlock versäubern.

17 Die Kangoo-Tasche auf dem Vorderteil annähen (siehe S. 106). Die Tasche liegt einige Zentimeter über dem Reißverschlussende und kann somit einige Schönheitsfehler überdecken. Achte darauf, dass du die Taschenoberkanten gerade annähst.

18 Die Belege auf der linken Stoffseite provisorisch feststecken, damit nichts verrutscht. Die Tasche anschließend rundherum bis auf die Eingriffe knappkantig annähen.

19 Das Vorderteil r-a-r aufs Rückenteil legen Die beiden Belege nach unten klappen; sie werden erst später angenäht. Die Schulternähte mit der Overlock schließen.

20 Die Ärmel wie beim Hood*ee in Schritt 2–3 beschrieben annähen (siehe S. 41).

21 Das Vorderteil r-a-r aufs Rückenteil legen und die Kanten vom Ärmel bis zum Beinsaum zusammenstecken. Die Naht mit der Overlock in einem Arbeitsgang schließen, dabei darauf achten, dass die Nähte genau aufeinandertreffen. Wo die Nähte aufeinandertreffen, eine Nahtzugabe nach links, die andere nach rechts falten.

22 Die Schrittnaht wie bei der Bux*ee beschrieben schließen (siehe S. 68) und nach Wunsch einen Zwickel einsetzen (siehe S. 117).

23 Die Arm- und Beinsaumbündchen annähen (siehe S. 111/113).

24 Das Halsbündchen längs r-a-r legen und mit Klammern fixieren. An den beiden kurzen (gewölbten) Enden zusammennähen. Die Nahtzugaben etwas zurückschneiden.

Hinweis
Alternativ kannst du auch eine Kapuze annähen wie beim Zip-Hood*ee (siehe S. 53-55) in Schritt 27-39 beschrieben.

25 Das Halsbündchen auf rechts wenden.

26 Das Halsbündchen r-a-r und leicht gedehnt auf den Halsausschnitt stecken.

27 Die beiden Enden des Halsbündchens ca. 5 cm weit ans Vorderteil nähen, dabei vorab den Beleg zur Seite legen und den ersten Stich bündig zum Reißverschlussende setzen.

28 Den Beleg r-a-r auf das Halsbündchen legen. Das Halsbündchen liegt nun zwischen Beleg und Vorderteil.

29 Den Beleg bis zur Schulternaht feststecken und in einem Arbeitsgang mit dem Halsbündchen mit der Overlock annähen.

30 Die Nahtzugaben an den Ecken bis kurz vor die Naht abknipsen, dabei nicht in die Naht schneiden.

25

26

27

28

29

30

31 Den Beleg nach innen wenden. Reißverschluss und Halsbündchen liegen nun sauber zwischen Beleg und Vorderteil.

32 Reißverschluss und Beleg zum Schluss knappkantig absteppen. Nach Wunsch die offenen Kanten des Belegs an das Vorderteil steppen, jedoch sieht man dann von außen zwei Nähte parallel zum Reißverschluss.

VARIANTEN NÄHEN

Anstelle der langen Ärmel kannst du auch **T-Shirt-Ärmel** annähen. Dazu die Ärmel wie beim Hood*ee in Schritt 2–3 beschrieben annähen (siehe S. 41).

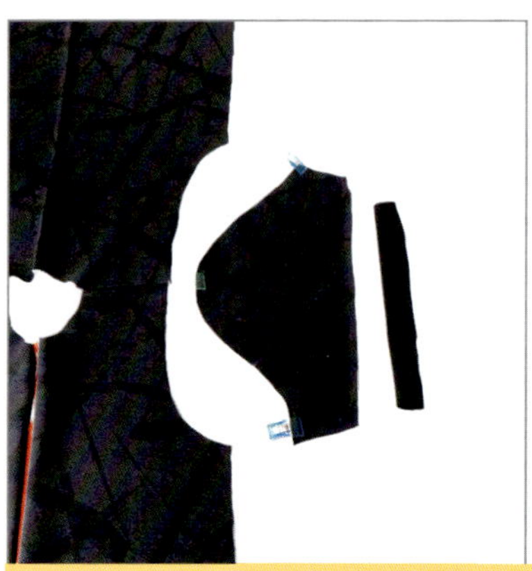

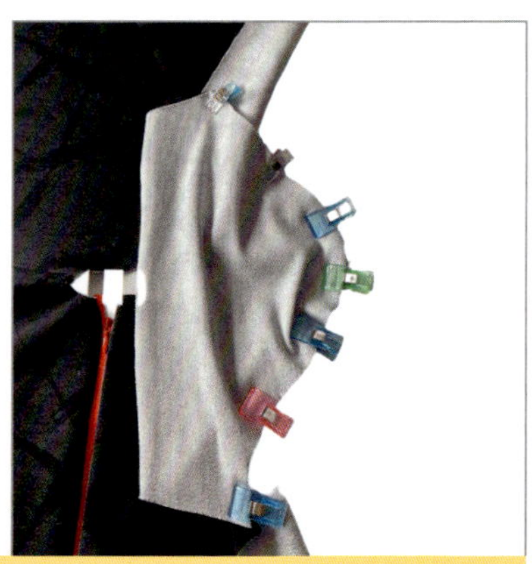

… und mit einem Bündchen säumen (siehe S. 113).

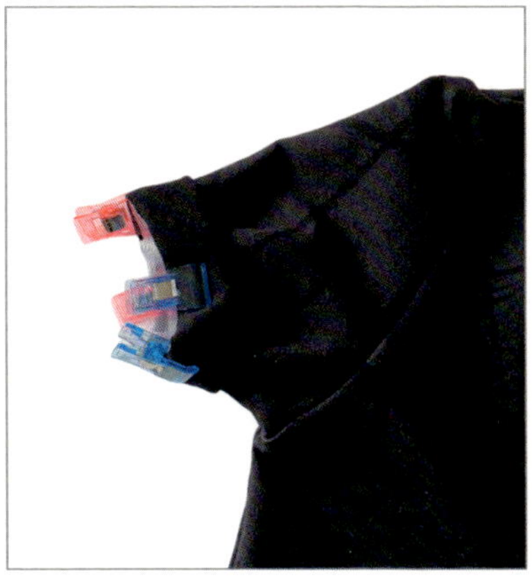

Für die **Tanktop-Variante** die Seitennähte ohne Ärmel schließen und die Tanktop-Bündchen annähen (siehe S. 113).

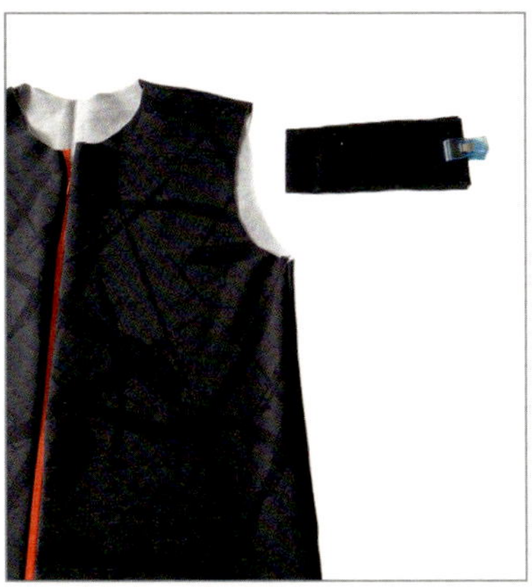

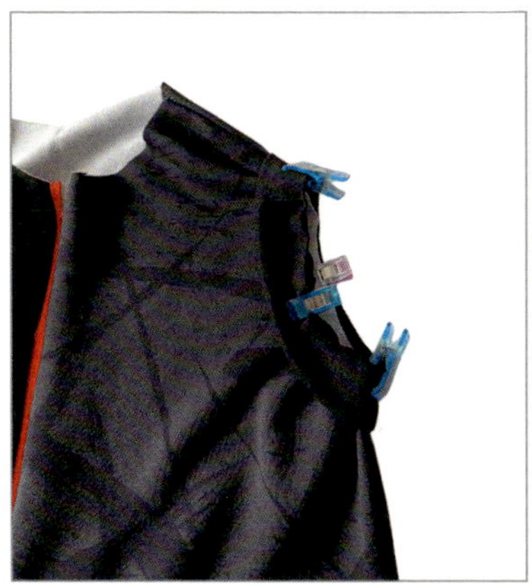

XL-BEAN*EE

SCHWIERIGKEITSGRAD ●

*Die XL-Bean*ee ist so rasch genäht, dass die Ohren warm sind, bevor man merkt, dass es draußen kalt ist. Meine Bestzeit beträgt viereinhalb Minuten vom Zuschnitt bis zum Tragen. Als kuschelige XL-Variante kann die Bean*ee entweder locker oder im Hipster-Style mit Umschlag getragen werden.*

DAS BRAUCHST DU

	Kopfumfang 52-54 cm	Kopfumfang 55-57 cm	Kopfumfang 58-60 cm
Strick- oder Bündchenstoff	70 cm x 65 cm	70 cm x 65 cm	70 cm x 70 cm
Bommel (optional)			
Label (optional)			
coole Plotterdatei (Download siehe S. 127)			

Hinweis
Am besten eigenen sich Strick, Grobstrick, Bündchenstoff sowie Feinripp oder Grobripp. Du kannst die Bean*ee auch aus Sweat oder Jersey nähen. Wähle dann die nächstgrößere Größe, damit sie schön lässig fällt. Für eine engere Passform nimmst du die nächstkleinere Größe.

Schnittmusterbogen 1B

ZUSCHNITT

Den Stoff zweimal in den Stoffbruch legen und das Schnittmuster mit der unteren Kante und der linken Kante am Stoffbruch anlegen. Das Schnittteil mit 1 cm Nahtzugabe zuschneiden.

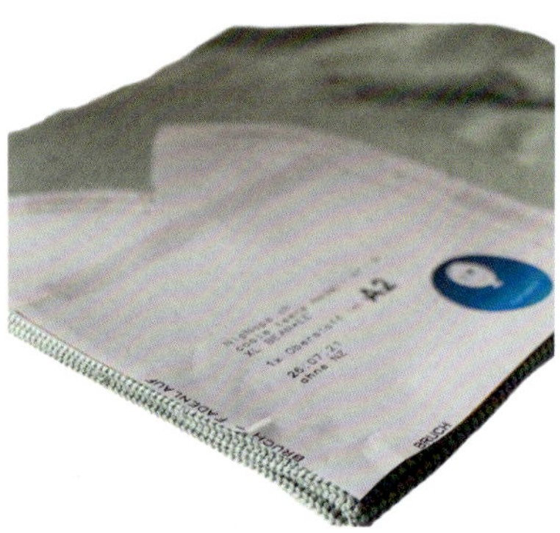

» BEAN*EE AUS FEINRIPP-BÜNDCHENSTOFF

VARIANTEN

- Hipster-Bean*ee mit Umschlag
- kuschelige XL-Bean*ee aus Strickstoff

LET'S GO

1 So sollte das zugeschnittene Schnittteil aussehen.

2 Das Schnittteil mittig falten und die langen Seiten r-a-r aufeinanderstecken. Die Naht schließen, dabei eine (je nach Stoffdicke) 3–6 cm lange Wendeöffnung am oberen Ende (pinkfarbene Klammern im Bild) lassen. Anschließend die Außenseiten am oberen und unteren Ende zusammennähen (grüne Klammern).

3 Die Stofflagen auseinanderziehen, die offenen Kanten bündig r-a-r aufeinanderlegen und feststecken.

4 Achte darauf, dass die beiden Nähte genau aufeinandertreffen. Für ein knubbelfreies Ergebnis legst du an dieser Stelle eine Nahtzugabe nach links, die andere nach rechts. Die Nähte schließen.

5 Die Bean*ee durch die Wendeöffnung auf rechts wenden. Die Nähte sollten nun schön aufeinandertreffen.

1

2

3

» BEAN*EE AUS FEINSTRICK MIT KUSCHELBOMMEL

6 Die Wendeöffnung von Hand oder mit einem Geradstich der Nähmaschine schließen.

7 Die Bean*ee ineinanderstülpen, sodass die Wendeöffnung innen liegt. Die Nähte glattstreichen und bündig aufeinander positionieren. Die beiden Stofflagen an den Nähten mit einigen Stichen aufeinanderheften.

8 Nach Wunsch ein Label oder eine Bommel annähen.

9 Die Bean*ee nach Wunsch an der Unterkante umschlagen und den Umschlag mit einem Plott oder einem Label verzieren.

4

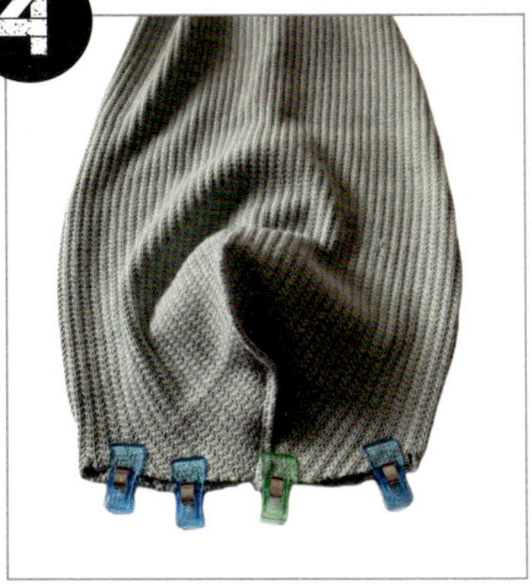

5

6

7

8

9

MUSSELIN-SCHAL

SCHWIERIGKEITSGRAD

Der Schal aus weichem Musselin schmeichelt sich an jeden Hals und peppt das gesamte Outfit im Nu auf. Ob aus einem Stück Stoff oder im Patchwork-Style aus Stoffresten genäht, dieses Fashionpiece wird garantiert zum Lieblingsteil.

DAS BRAUCHST DU

Musselin in verschiedenen Farben, 140 cm breit, 3x 48 cm (für Patchwork-Style), alternativ 1x 1,40 m
farblich passendes Nähgarn

Hinweis
Den Schal kannst du aus einem Stoffstück oder aus mehreren Stoffstreifen nähen. Achte nur immer darauf, dass du ein Quadrat erhältst. Du kannst natürlich auch eine andere Größe wählen. Für kleinere Kinder genügt ein 1 m x 1 m großes Stück Musselin. Wasche den Stoff vor dem Zuschnitt, denn Musselln läuft bei der ersten Wäsche stark ein. Zudem kommt sein kuscheliger Krinkeleffekt erst so richtig nach dem Waschen hervor. Für einen extra wärmenden Effekt kannst du auch Triple Gauze, der aus drei Schichten Musselin besteht, verwenden.

LET'S GO

Hinweis
Die Stoffstreifen werden mit einer französischen Naht (Doppelnaht) verbunden – ideal, damit es auf beiden Seiten sauber aussieht. Für einen „unfinished" Look kannst du die Stoffstreifen auch einfach mit einer Overlocknaht zusammennähen.

1 Zwei Streifen an den langen Seiten l-a-l aufeinanderlegen und mit 5 mm Nahtzugabe und einem Geradstich zusammennähen.

2 Die Nahtzugabe auf 3 mm kürzen. Achte darauf, dass du nicht in die Naht schneidest.

3 Die Teile r-a-r legen und an der Naht flach bügeln; die Nahtzugaben liegen dazwischen. Die Kante mit 5 mm Nahtzugabe absteppen. Die Nahtzugaben der ersten Naht sind nun auf der linken Seite eingefasst.

4 Die Naht von der rechten Stoffseite flach bügeln und knappkantig absteppen.

5 Auf beiden Seiten befindet sich nun eine saubere, kaum sichtbare Naht. Schritt 1-4 mit dem dritten Stoffstreifen wiederholen.

6 Die Außenkanten des Tuchs mit einem Rollsaum versäubern. Dazu kannst du entweder einen sehr kurzen Zickzackstich der Nähmaschine oder die Overlock verwenden. Die Einstellungen für den Rollsaum variieren für jedes Overlockmodell; schlage am besten in der Gebrauchsanweisung nach. Die Nahtraupen durch die Naht ziehen und abtrennen.

» SCHAL MIT 3 FARBEN IM PATCHWORK-STYLE MIT XL-BEAN*EE AUS GROBSTRICKSTOFF

VARIANTEN NÄHEN

- Nach Wunsch vor dem Vernähen Holzperlen oder kleine Glücksbringer auf die Nahtraupen ziehen. Achte darauf, dass die Anhänger nicht zu schwer sind, damit es später beim Umschlagen keine Verletzungen gibt.
- Auch mit nur zwei Kontraststreifen sieht der Schal cool aus.
- Pimp den Schal mit einer coolen Plotterdatei (Download unter 127) auf.
- Als Alternative zum Rollsaum sieht eine Bommelborte auch sehr hübsch aus.
- Keinen passenden Stoff gefunden? Pimpe ein altes Stück Stoff, indem du es im Tie-Dye-Style färbst. Den abgebildeten Stoff habe ich mit gekochten Avocadoschalen eingefärbt.

Tipp
Der Schal aus Musselin kann auch als Kuscheldecke verwendet werden ... so können auch die Großen ein kleines Stück Kindheit mit sich tragen.

GRUNDANLEITUNG

MASSE UND GRÖSSE

Die Schnitte in diesem Buch sind konfektionsgrößengerecht gradiert. Jedoch hat jedes Kind einen anderen Körperbau. Vor dem Nähen ist es daher immer empfehlenswert, das Kind zuerst auszumessen und mit den Maßen in der Größentabelle zu vergleichen. Alternativ kannst du ein gut sitzendes Kleidungsstück zum Vergleich auf das Schnittmuster legen.

Die Größen für Kinder beziehen sich immer auf die Körperhöhe, nicht auf die Weite. Wenn ein Kind also 136 cm groß ist und eher etwas kräftiger, nimmt man Größe 140. Falls das Kind 136 cm groß und eher schmal ist, kannst du Größe 134 wählen. Du kannst die Größen auch kombinieren. Für ein Kind, das schmal und groß ist, kannst du eine kleinere Größe wählen und diese in der gewünschten Länge der nächsten Größe zuschneiden. Beispiel: Das Kind ist 150 cm groß und hat einen Brustumfang von 70 cm. Du paust das Schnittmuster in Größe 146 ab und verlängerst die Säume von Ärmeln, Beinen oder Oberteil in Größe 152. Falls das Kind eher kräftig ist, paust du die größere Größe ab und kürzt die Säume auf die kleinere Größe. Beachte, dass du Schnittteile, die angenäht werden, wie z. B. Bündchen, Kapuze oder Belege, immer in der Größe des entsprechenden Saums zuschneidest.

Beachte darüber hinaus stets die Stoffempfehlung zum jeweiligen Schnitt. Ein Kleidungsstück, das du aus einem anderen Material nähst, kann größer oder kleiner ausfallen. Verwendest du einen weniger dehnbaren Sweat anstatt Jersey, wird das genähte Kleidungsstück sehr wahrscheinlich zu klein sein. Nähst du einen Sweat-Schnitt wie die Bux*ee aus einem dünnen, dehnbaren Stoff wie z. B. Jersey, wird das Teil viel größer ausfallen und kann etwas „sackig" wirken.

Die Nipnaps-Modelle sind eher locker geschnitten, damit sie für die Kinder ultrabequem sind und auch die nächsten Wachstumsschübe mitmachen können. Gerade im Teenageralter überspringen Kinder manchmal eine ganze Größe. Hohe Bündchen helfen dabei, dass die Kleidungsstücke über die nächste Größe mitwachsen können.

Besonders Trikotstoffe wie Jersey oder French Terry laufen bei der ersten Wäsche bis zu fünf Prozent ein. Die Stoffe müssen daher vor dem Vernähen bzw. vor dem Zuschnitt immer vorgewaschen werden, damit die fertigen Kleidungsstücke nach dem Waschen noch passen.

Alter		**8**	**9**	**10**	**11**	**12**	**13**	**14**	**15**	**16**
Größe (alle Angaben in cm)		**128**	**134**	**140**	**146**	**152**	**158**	**164**	**170**	**176**
Brustumfang	**1**	64	66	68	72	76	80	84	88	92
Taillenumfang	**2**	58	59,5	61	63	65	67	70	73	76
Hüftumfang	**3**	69	71,5	74	78	82	86	90	94	96
Seitenlänge	**4**	79,5	83,5	87,5	91	94,5	98	101,5	106	112
Körperhöhe	**5**	128	134	140	146	152	158	164	170	176

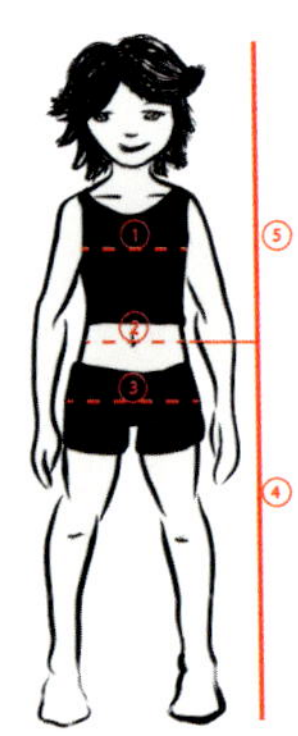

VOR DEM NÄHEN

Bevor du mit dem Nähen beginnst, gibt es einige Vorarbeiten, die meist länger dauern als das Nähen selbst. Es ist wichtig, dass du genau arbeitest, damit ein perfekt sitzendes Kleidungsstück herauskommt.

Schnittmuster abpausen
Nachdem du die richtige Größe gefunden hast, paust du das Schnittmuster ab. Du kannst spezielles Schnittmusterpapier aus dem Fachhandel verwenden oder – wie ich – Backpapier von der Rolle. Größere Schnittmuster kannst du auf Malerfolie abpausen. Dazu benötigst du einen wasserfesten Folienmarker.

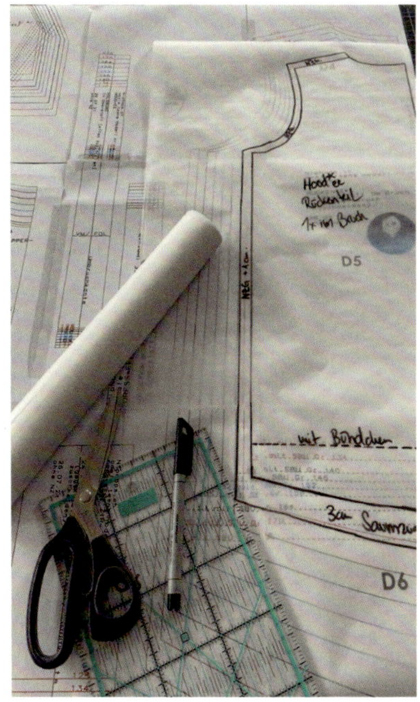

Übertrage das Schnittmuster in der gewünschten Größe mithilfe eines Lineals auf Folie oder Papier. Die Schnittmuster enthalten keine Nahtzugabe. Sie muss beim Abpausen daher noch zugegeben werden. Ein Quiltlineal oder ein gerundetes Schneiderlineal sind sehr hilfreich, um die Nahtzugabe korrekt zu übertragen. Ich empfehle eine Nahtzugabe von 7–10 mm, da die meisten Schnitte im Buch mit der Overlock und der normalen Nähmaschine genäht werden. Lies dir immer zunächst die Anweisungen zum Zuschnitt sorgfältig durch, da an manchen Kanten keine Nahtzugabe benötigt wird, wie etwa am Kragenausschnitt oder wenn ein Schnittmuster im Stoffbruch angelegt wird.

Auch die Saumzugabe wird beim Abpausen auf das Schnittmuster übertragen. Sie beträgt in der Regel 2–3 cm, kann jedoch auch nach Belieben gewählt werden. Beachte, dass die Saumzugabe stets ganz umgenäht werden muss, damit das Kleidungsstück nicht zu lang wird. Übertrage schließlich alle Beschriftungen und Markierungen auf die Schnittmuster. Dies hilft später beim Zusammenstecken der Schnittteile.

Zuschneiden
Nach dem Abpausen überträgst du die Schnittmuster auf den Stoff. Lege dazu den Stoff so hin, dass möglichst viele Schnittteile mit möglichst wenig Verschnitt zugeschnitten werden können. Achte stets darauf, dass du die Schnittmuster nach dem Fadenlauf ausrichtest. Fixiere die Schnittmuster mit Stecknadeln auf dem Stoff, damit sie nicht verrutschen. Dies ist besonders hilfreich, wenn man mit der Schere zuschneidet. Ich benutze lieber den Rollcutter und fixiere den Stoff mit Nähgewichten. Schneide die Teile aus und übertrage alle Markierungen wie die Taschenposition oder die vordere Mitte mit einem Trickmarker, der mit der ersten Wäsche ausgewaschen wird. Alternativ kannst du auch vorsichtig kleine Knipse in die Nahtzugabe machen. Achte aber darauf, dass du nicht über die Nahtzugabe schneidest.

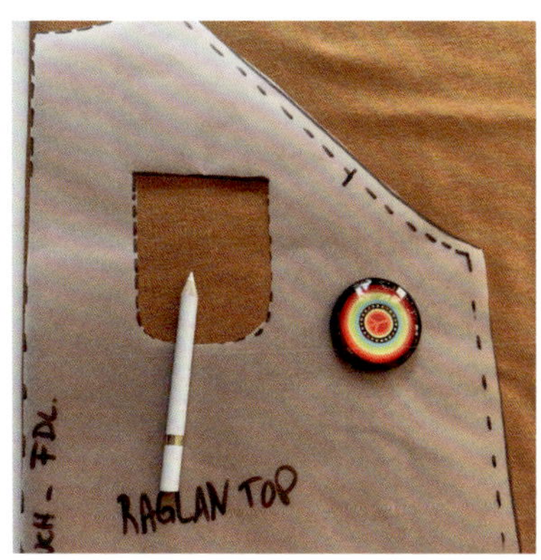

NÄHEN

Die Modelle in diesem Buch werden alle hauptsächlich mit der Overlock in Kombination mit einer Nähmaschine genäht. Manchmal kommt auch die Coverlock zum Einsatz. Falls du keine Overlock hast, kannst du die Modelle auch mit der normalen Nähmaschine nähen, jedoch solltest du für Maschenware immer dehnbare Stiche verwenden.

Die wichtigsten Overlockstiche

4-Faden-Overlockstich mit Sicherheitsnaht

3-Faden-Overlockstich

3-Faden-Rollsaum

Die wichtigsten Nähmaschinenstiche
Falls du eine Nähmaschine verwendest, kannst du alle Nähte im Maschenlauf mit dem Geradstich nähen. Für alle anderen Nähte und zum Absteppen empfehle ich einen dehnbaren Stich wie den Dreifachgeradstich. Er sieht aus wie der normale Geradstich, wird aber nochmals durch die Naht gezogen und macht die Naht somit dehnbar. Auch ein Zickzackstich oder der Overlockstich der Nähmaschine sind eine praktische Alternative.

STOFF & CO.

Nipnaps-Schnitte werden am besten aus dehnbaren Stoffen wie Sweatshirtstoff, Jersey oder French Terry genäht. Die Styles sind alle locker geschnitten und sitzen bequem.

Sweatshirtstoff wird wie Jersey nicht gewebt, sondern in Maschen gewirkt bzw. gestrickt. Deshalb nennt man diese Stoffe auch Maschenware oder Trikotstoff (von französisch „tricoter" = stricken). Anders als gewebte Baumwollstoffe (Webware) sind Trikotstoffe dadurch weich und dehnbar und eigenen sich besonders gut für bequeme Kleidung.

Maschenware hat außerdem bei der Verarbeitung den Vorteil, dass sie nach dem Zuschnitt nicht versäubert werden muss. Die Kanten fransen nicht aus und man kann sie problemlos zusammennähen. Maschenware ist meist in der Breite dehnbar, jedoch gibt es auch bi-elastische Stoffe, die in alle Richtungen dehnbar sind. Die meisten Sweatstoffe sind aber nur in eine Richtung dehnbar. Deshalb ist es wichtig, dass der Stoff im Faden- bzw. Maschenlauf zugeschnitten wird. Lege die Schnittmuster immer so auf den Stoff, dass der Fadenlaufpfeil parallel zu den Maschenstäbchen verläuft.

Da es viele unterschiedliche Trikotstoffe gibt, gebe ich hier einen kurzen Überblick über die Stoffe, die ich im Buch verwende.

Jersey
Baumwolljersey mit einem kleinen Anteil Elasthan eignet sich bestens für Kinderkleidung, da der Stoff durch das beigefügte Elasthan elastisch wird und immer wieder in seine ursprüngliche Form zurückgeht, ohne auszuleiern. Deshalb nähe ich Tee's am liebsten aus diesem Stoff. Auch für Kleider, Leggings und Mützen ist Baumwolljersey gut geeignet.
Singlejersey ist ein einlagig gestrickter Stoff, der auf der Vorderseite rechte Maschen, auf der Rückseite linke Maschen hat. Er ist meist etwas feiner als Doublejersey, der zweilagig gestrickt wird – entweder beidseitig mit rechten Maschen oder beidseitig mit linken Maschen. Dadurch wird er etwas robuster.

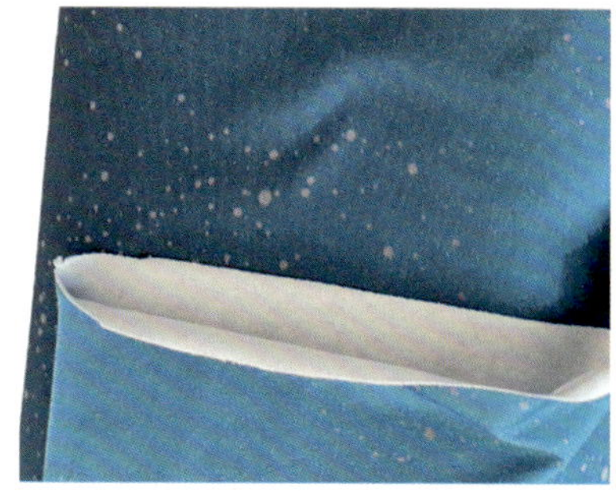

Sweatshirtstoff
Sweatshirtstoff wird auch einfach Sweat genannt. Er wird wie der Singlejersey einlagig gestrickt und ist meist schwerer als Jersey, da er aus mehreren Lagen Garn besteht. Auf der Rückseite wird ein Futtergarn hinzugefügt, das später angeraut wird und den Stoff besonders weich und angenehm zu tragen macht. Sweat lässt sich leicht verarbeiten und ist auch für Nähanfänger gut geeignet, da er griffiger ist als Jersey. Er eignet sich super für die meisten Modelle in diesem Buch, besonders aber den Hood*ee und die coole Bux*ee.

Sommersweat / French Terry
Sommersweat oder auch French Terry ist wie der Sweat ein gestrickter Stoff, jedoch bildet der Futterstoff auf der linken Stoffseite feine Schlingen und wird nicht angeraut. Er eignet sich für leichtere Pullis im Oversize-Look, Kleider wie Dress*ee, das Croptop, Latz*ee und auch die coole Bux*ee.

Strickstoff
Der kuschelig warme Stoff für den Winter ist wie der Name verrät ebenfalls eine Maschenware. Die Fasern werden auf industriellen Strickmaschinen verarbeitet. Je nach Einstellung der Maschine und der verwendeten Wolle entstehen unterschiedliche Strukturen. Grobstrick ist etwas dicker und eignet sich für Hood*ees, während Feinstrick feiner und glatt ist. Card*ee und die XL-Bean*ee werden am besten aus einem Strickstoff genäht.

Bündchenstoff
Bündchen sind bei Nipnaps-Schnitten nicht wegzudenken. Bündchenstoff ist ebenfalls ein Strickstoff mit einem Elasthan-Anteil von fünf bis zehn Prozent. Er eignet sich hervorragend für alle Saumabschlüsse. Bündchenripp gibt es als Feinripp oder Grobripp. Er eignet sich auch für die coole XL-Bean*ee im Hipster-Style.

Double Gauze Musselin
Dieser atmungsaktive Hautschmeichler aus Baumwolle kann viel mehr, als nur Spucktuch oder Stoffwindel zu sein. Musselin ist ein gewebter Stoff, der aus mehreren Schichten besteht. Daher stammen auch die Bezeichnungen Double Gauze oder Triple Gauze. Musselin ist der einzige gewebte Stoff, den ich in diesem Buch verarbeite. Zum XL-Schal vernäht, passt dieser tolle Stoff mit gekreppter Optik perfekt zu den Nipnaps-Styles.

NÄHZUBEHÖR

Schneiden
Stoff wird am besten mit der Stoffschere oder einem Rollcutter zugeschnitten. Benutze die Stoffschere niemals für andere Materialien, sonst wird sie stumpf (ich empfehle dies aus Erfahrung). Am besten hast du immer eine Papierschere und eine kleine Fadenschere griffbereit. Wenn du den Rollcutter bevorzugst, solltest du immer neue Klingen auf Lager haben. Außerdem benötigst du eine Schneidematte und ein gutes Lineal, z. B. ein Quiltlineal. Jersey und Sweat lassen sich gut mit dem Rollcutter zuschneiden.

Markieren
Ein Trickmarker ist ein super Tool, um Markierungen auf Stoff zu übertragen. Nach einigen Stunden oder mit etwas Wasser verschwindet die Tinte wieder. Achtung: Falls du über eine Markierung bügelst, bleibt diese auch nach dem Waschen noch auf dem Kleidungsstück. Sicherer ist der Kreidestift, den es auch als Kreiderad gibt und der sich ganz einfach wegrubbeln lässt.

Wenden
Zum einfachen Wenden von schlauchartigen Schnittteilen wie Trägern benutzt man am besten ein Wendetool. Im Fachhandel gibt es eine große Auswahl. Du kannst aber auch ein Wendetool aus einem Bambusstrohhalm und einem Holzstäbchen mit kleinerem Durchmesser selbst basteln. Der genähte Schlauch wird mithilfe des Stäbchens durch den Strohhalm geschoben und kommt am anderen Ende gewendet heraus.

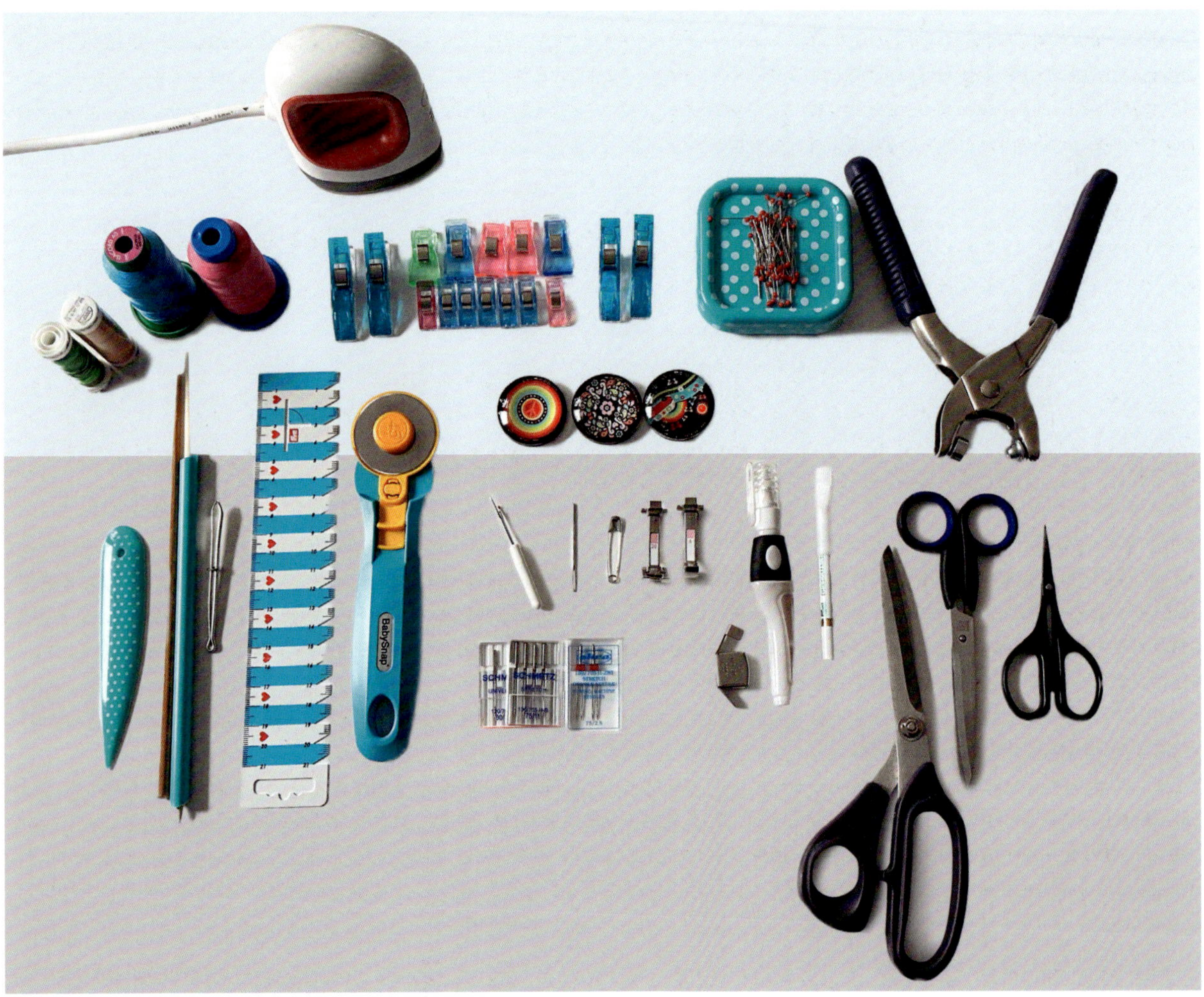

Fixieren
Zum Fixieren von Schnittteilen eignen sich Stoffklammern am besten. Im Gegensatz zu Stecknadeln verhindern sie, dass man aus Versehen mit der Overlock darüber näht. Aber auch Stecknadeln solltest du immer griffbereit haben. Ideal ist ein magnetisches Nadelkissen, das du nach dem Nähen über Tisch und Boden führst, um verloren gegangene Nadeln aufzufinden. Für Applikationen eignet sich Sprühkleber oder doppelseitiges Klebeband bzw. Nahtband. Letzteres verwende ich, um Reißverschlüsse anzunähen. Auch ein Bügeleisen leistet gute Dienste beim Fixieren. Manchmal genügt es, den Saum umzubügeln, bevor er abgesteppt wird.

Bügeln
Gut gebügelt ist schon halb genäht! Ein kleines, handliches Bügeleisen sollte immer neben der Maschine stehen. Der Stoff lässt sich auch meist besser vernähen, wenn er zuerst etwas gebügelt und in Form gebracht wird.

Nahttrenner
Ein Nahttrenner ist ein toller Helfer, wenn kleine Fehler passieren (und die passieren sehr oft). Mit dem Nahttrenner ist jede Naht blitzschnell getrennt und kann nochmals neu genäht werden.

Garn
Wenn du häufig mit der Overlock nähst, lohnt es sich, in Qualitätsgarn zu investieren. Die großen Konen sind zwar etwas teurer, jedoch halten sie für viele Näharbeiten und es zahlt sich wirklich aus, wenn der Faden nicht ständig reißt und man die Overlock nicht ständig neu einfädeln muss. Für empfindliche Kinderhaut ist Bauschgarn sehr zu empfehlen, denn das weiche Garn stört innen an den Nähten nicht. Eine Auswahl an verschiedenen Farben ist immer gut. Neben Overlockgarn solltest du eine breite Auswahl an normalen Nähmaschinengarnen haben.

Füßchen
Unterschiedliche Füßchen sind praktisch und erleichtern viele Näharbeiten. Neben dem normalen Füßchen sind ein Reißverschluss- und Knopflochfüßchen wichtig.

Nadeln
Nadeln solltest immer auf Vorrat bereitliegen haben, da es öfter vorkommt, dass eine Nadel bricht. Verwende für dehnbaren Stoff unbedingt Jerseynadeln. Es gibt sie in verschiedenen Stärken. Da ich viel mit Sweat und Bündchenstoff arbeite, verwende ich stärkere Nadeln (Stärke 70-90), damit die Nadel gut durch die vielen Schichten kommt.

Bügeleinlagen
Mit Bügeleinlagen werden Schnittteile verstärkt. Es gibt sie im Fachhandel ab Rolle zu kaufen. Ich empfehle, immer ein paar verschiedene Stärken und Farben vorrätig zu haben und nach Bedarf zuzuschneiden und aufzubügeln. Um Stellen zu verstärken, an denen Druckknöpfe oder Ösen angebracht werden, eignen sich Wonder Dots hervorragend.

Saumhilfe
Eine magnetische Saumhilfe hilft dir, einen sauberen, geraden Saum zu nähen. Der Magnet wird seitlich an der Stichplatte, parallel zum Nähgut befestigt. Die Saumzugabe kann nach Belieben eingestellt werden, indem man den Magnet näher ans Nähgut oder weiter entfernt anlegt. Der Stoff wird beim Nähen direkt an der Schiene entlanggeführt. So bekommt man ein präzises, sauberes Ergebnis. Der Magnet haftet auf dem Nähmaschinenarm, bis er wieder gebraucht wird.

ABKÜRZUNGEN	l-a-l	links auf links	r-a-l	rechts auf links	r-a-r	rechts auf rechts

KURZWAREN

Es erleichtert die Arbeit, wenn du eine Auswahl an folgenden Kurzwaren griffbereit hast:

- Ösen, Fertigösen
- Kordeln
- Reißverschlüsse (teilbar und unteilbar) in verschiedenen Längen
- Labels, mit denen du Kleidungsstücke aufpimpen oder schiefe Nähte verdecken kannst
- Knöpfe, die nicht immer eine Funktion haben müssen, sondern einfach nur schön aussehen können
- Kordelstopper, die das Ausfransen der Kordel verhindern
- dehnbares Paspelband für Maschenware, das jede Naht verschönert und Raglannähte super hervorhebt
- Latzhosen-Clips und Schieber, die nicht nur für Taschen, sondern auch für verstellbare Träger wie bei der Latz*ee nützlich sind

PIMP IT UP

Plottermotive
Für die Modelle in diesem Buch kannst du einige coole Plotterdateien downloaden. Siehe hierzu auch Seite 9 und Seite 127. Der Ballon, der einfach zu Nipnaps dazugehört, hat ein paar neue lustige Gesichter bekommen, die die Laune eurer Kid*ees widerspiegeln können. Und so wird's gemacht:

1 Die Dateien plotten, entgittern und mit dem Bügeleisen auf den Stoff übertragen. Lege ein Stück Backpapier zwischen Stoff und Folie, damit die Folie nicht zu heiß wird.

2 Nach dem Abkühlen die Plastikfolie vorsichtig entfernen und den Plott noch mal von links bügeln.

Tipp
Benutze auch das Negativ und bastle dir selber ein lustiges Gesicht mit individuellen Augen.

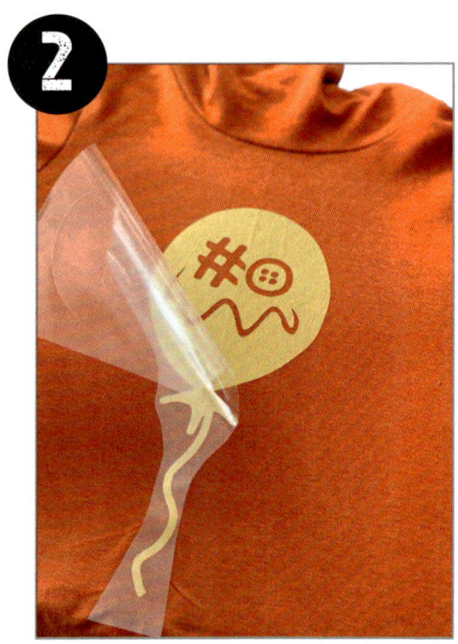

UNTERTEILUNGEN

Da die meisten Modelle Markierungen für verschiedene Bein- bzw. Ärmellängen enthalten, kannst du die Styles wie etwa den Raglanärmel oder auch Dress*ee auch ganz einfach mit Unterteilungen nähen.

1 Dazu die Schnittteile separat zuschneiden. An der Teilungsnaht beide Teile mit 1 cm Nahtzugabe zuschneiden.

2 Die Teile an der Teilungsnaht r-a-r zusammennähen.

3 Zuletzt die Naht knappkantig absteppen. Das geteilte Schnittteil kann nun wie in der Anleitung beschrieben weiterverarbeitet werden.

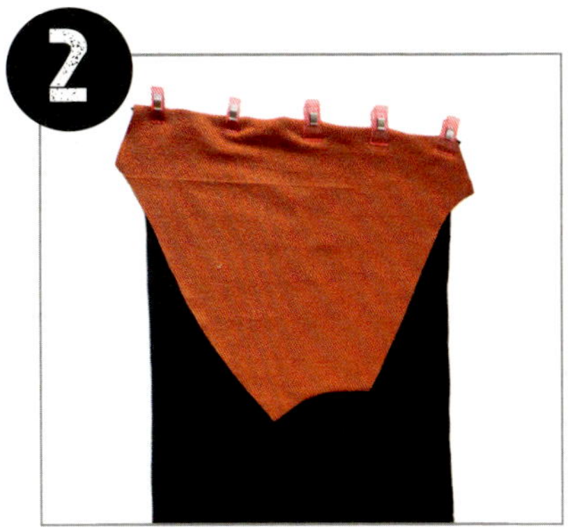

FAKE IT

Fashion muss nicht immer eine Funktion haben. Geh auf Nummer sicher und näh eine Fake-Kordel in den Bund. Bei Kleidung für kleinere Kinder sollte man wegen der Strangulationsgefahr keine losen Kordeln verarbeiten.

LABELS

Wer ein Teil auf die Schnelle etwas aufwerten oder eine schiefe Naht verdecken möchte, näht ganz einfach ein ein Label drüber.

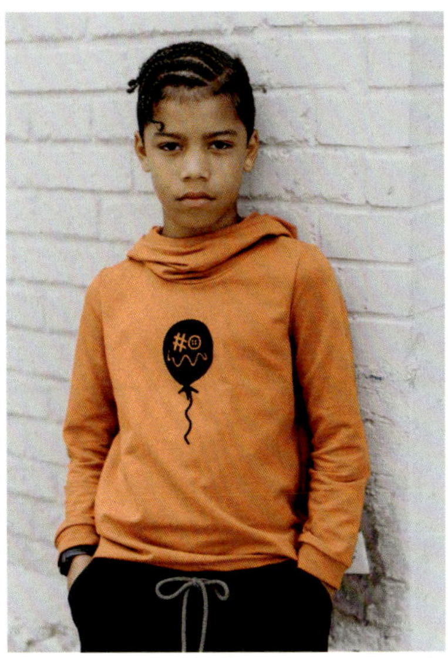

AUFGESETZTE TASCHEN

Die aufgesetzten Taschen können entweder abgerundet oder eckig im Jeans-Look zugeschnitten werden. Die Taschen kannst du als Gesäßtaschen an den Hosenmodellen (Bux*ee, All-in-One*see und Latz*ee) oder als Brusttasche am Raglan-Tee aufnähen. Übertrage zuvor die Positionsmarkierung in der gewünschten Größe auf den Stoff. Du kannst die Taschen in doppelter oder einfacher Stofflage nähen.

AUFGESETZTE TASCHE IN DOPPELTER STOFFLAGE

1 Nach Wunsch eine Paspel r-a-r an die obere Kante eines Taschenschnittteils nähen.

2 Die Taschenschnittteile r-a-r legen und mit Klammern fixieren. Die Teile an den Seiten- und der Unterkante zusammennähen. Falls du die Nähmaschine verwendest, die Nahtzugaben zurückschneiden, damit die Tasche nach dem Wenden schön rund wird.

3 Die Tasche auf rechts wenden und bügeln.

4 Die Nahtzugabe an der oberen Öffnung nach innen falten.

5 Die Paspel glätten. Die Oberkante der Tasche mit Klammern fixieren und mit einem Geradstich schließen.

6 Die Tasche markierungsgemäß auf dem Schnittteil feststecken und knappkantig annähen. Nahtanfang und -ende gut verriegeln. Die Tasche bügeln.

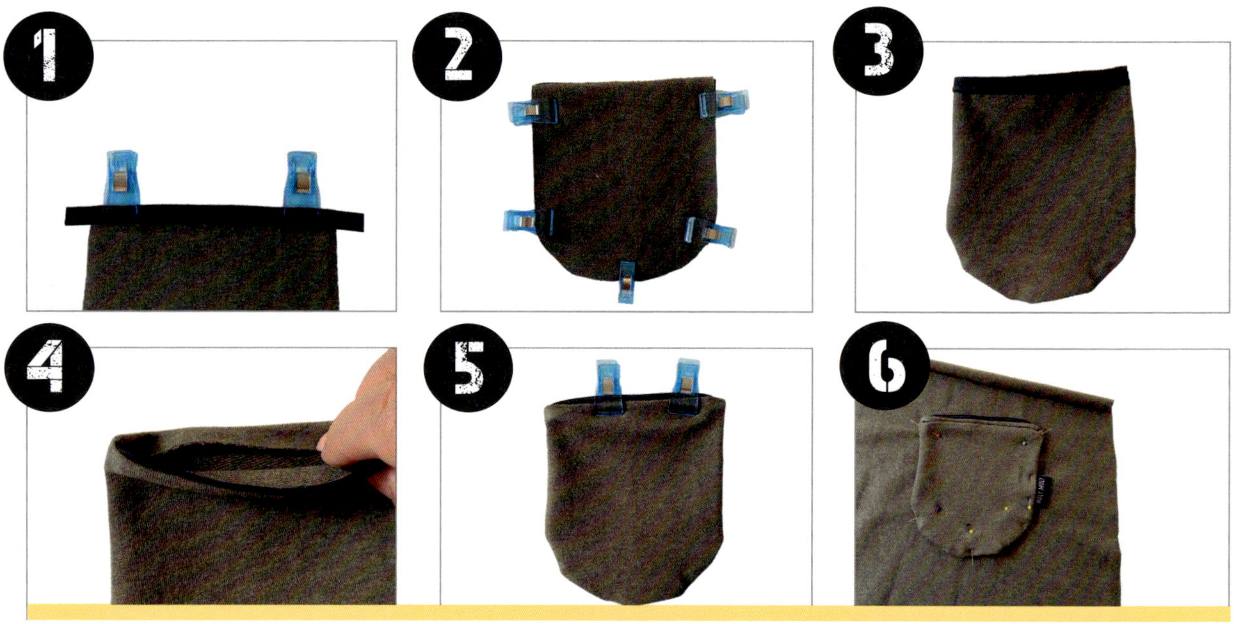

AUFGESETZTE TASCHE IN EINFACHER STOFFLAGE

1 Das Taschenschnittteil an der Oberkante mit 2 cm Nahtzugabe zuschneiden.

2 Alle Kanten mit der Overlock versäubern. Anschließend die Oberkante zweimal 1 cm umklappen und absteppen. Für einen Kontrasteffekt kannst du die Oberkante nach außen klappen.

3 Die Nahtzugabe an den Seiten- und der Unterkante auf links bügeln.

4 Die Nahtzugabe an den Ecken schräg abknipsen.

5 Die Tasche markierungsgemäß auf dem Schnittteil feststecken und annähen.

Tipp
Nähe ein Label als extra Hingucker in die Seitennaht der Tasche.

1

2

3

4

5

KANGOO-TASCHE

Die Kangoo-Tasche kannst du für fast alle Modelle im Buch verwenden. Die Tasche kann in einfacher oder in doppelter Stofflage genäht werden. Für das Zip-Hood*ee empfiehlt es sich, die Tasche nur in einfacher Stofflage mit Tascheneingriffbündchen zu nähen, da rund um den Reißverschluss sonst zu viele Stofflagen sind.

KANGOO-TASCHE IN DOPPELTER STOFFLAGE

1 Die Taschenteile r-a-r legen und rundherum zusammennähen, dabei an der Unterkante eine 5 cm lange Wendeöffnung lassen. Falls die Tasche ins Saumbündchen genäht wird, kannst du die ganze Unterkante offenlassen.

2 Die Tasche auf rechts wenden.

3 Die Nahtzugaben an der Wendeöffnung nach innen klappen und mit ein paar Nadeln fixieren. Die Tasche markierungsgemäß auf dem Schnittteil platzieren und knappkantig annähen. Die Nähte an den Ecken gut verriegeln, damit sie nicht ausreißen. Die Wendeöffnung wird beim Aufnähen der Tasche geschlossen.

1
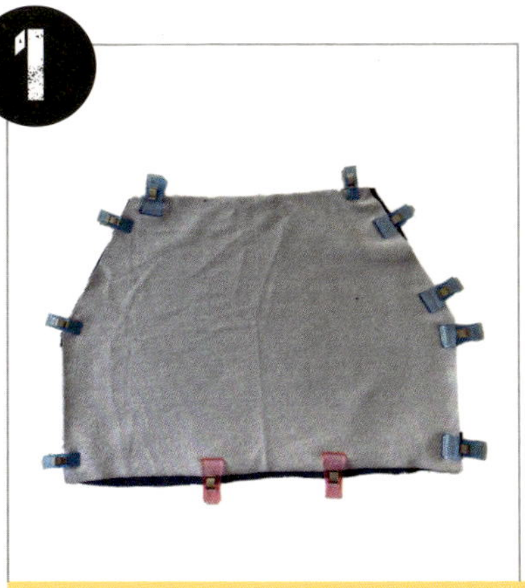

2

3

KANGOO-TASCHE IN EINFACHER STOFFLAGE

1 Das Taschenteil rundherum außer an den Eingriffkanten mit der Overlock versäubern.

2 Die Bündchen leicht gedehnt an die Eingriffkanten stecken.

3 Die Bündchen mit der Overlock oder einem Zickzackstich annähen. Anschließend knappkantig absteppen.

4 Die Nahtzugabe nach innen (auf links) stecken oder umbügeln.

5 Die Tasche markierungsgemäß auf dem Schnittteil platzieren und knappkantig annähen. Die Nähte an den Ecken gut verriegeln, damit sie nicht ausreißen.

Tipp
Anstatt die Nähte an den Taschenecken zu verriegeln, kannst den Hood*ee auch mit Hinguckern wie in kurzem Zickzackstich genähten Kreuzen veredeln.

Pimp it up
Die Kangoo-Tasche kannst du mit Borten und Bändern verzieren. Ich habe hier nach dem Aufnähen der Tasche an der oberen und unteren Kante eine coole Fransenborte angenäht.

SEITLICHE CARGOTASCHE

Die Cargotasche kannst du an ein oder an beide Hosenbeine nähen. Bei den Modellen Bux*ee, Latz*ee und All-in-One*see sind die Positionen für die seitlichen Cargotaschen sowie die Patte markiert. Die Cargotasche wird einlagig, die Patte in doppelter Stofflage genäht. Du kannst die Taschen auch ohne Patte nähen und den Tascheneingriff mit einem Bündchen versäubern (Bild unten rechts).

1 Die Tasche an der Oberkante mit 1,5 cm Nahtzugabe zuschneiden, an den übrigen Kanten mit 1 cm. Möchtest du an der Oberkante ein Bündchen annähen, genügt 1 cm Nahtzugabe. Die Schnittteile für die Patte rundherum mit 1 cm Nahtzugabe zuschneiden.

2 Die Tasche mittig r-a-r falten und mit einem Trickmarker entlang der Markierung an der Unterkante eine 3 cm lange, an der Oberkante eine 3,5 cm lange Linie einzeichnen.

3 Entlang der Markierungslinien mit einem Geradstich nähen. Die Nähte jeweils gut verriegeln. Die Tasche aufklappen und den Abnäher flach bügeln.

4 So sieht die Tasche von der rechten Seite aus.

5 Die Taschenkanten rundherum mit der Overlock versäubern, dabei darauf achten, dass der Abnäher gerade liegt. Die Oberkante 1,5 cm auf links falten und mit einem Geradstich absteppen. Die Nahtzugaben der restlichen Seiten auf links umbügeln. Alternativ kannst du an der Oberkante ein Bündchen annähen.

6 Die Tasche markierungsgemäß auf dem Hosenteil platzieren. Die Abnähernaht trifft auf der Seitennaht der Hose. Die Tasche rundherum feststecken und knappkantig annähen.

7 Die Schnittteile der Patte r-a-r an den Seitenkanten und der Unterkante zusammennähen; die Oberkante bleibt offen. Falls der Stoff sehr dünn ist, ein Schnittteil vor dem Nähen mit Bügeleinlage verstärken.

1

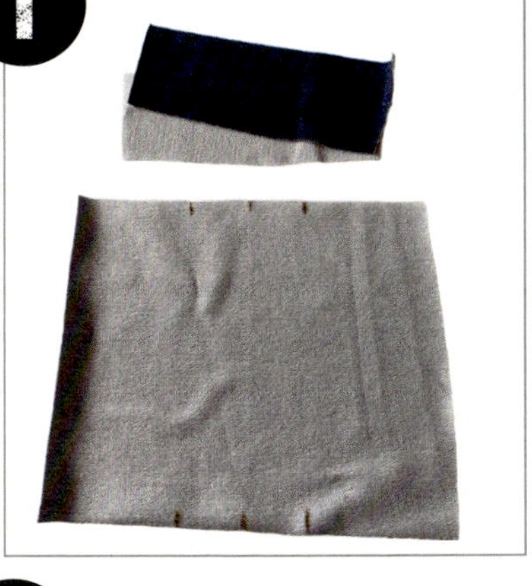

2

3

4

5

8 Die Nahtzugaben einkürzen und an den Ecken schräg abschneiden, damit sich nach dem Wenden keine Dellen bilden.

9 Die Patte auf rechts wenden und die Ecken ausformen. Die Patte markierungsgemäß (obere Markierung) mit den offenen Kanten aufs Hosenteil platzieren (die offenen Kanten liegen parallel zur angenähten Tasche) und gut feststecken.

10 Die Patte mit 5 mm Nahtzugabe an den offenen Kanten knappkantig annähen.

11 Die angenähte Patte nach unten zur Tasche klappen und feststecken.

12 Die Patte nochmals von rechts mit 1 cm Nahtzugabe annähen

13 Die erste Naht ist nun beim Öffnen der Tasche nicht mehr sichtbar.

14 Nach Wunsch Druckknöpfe anbringen.

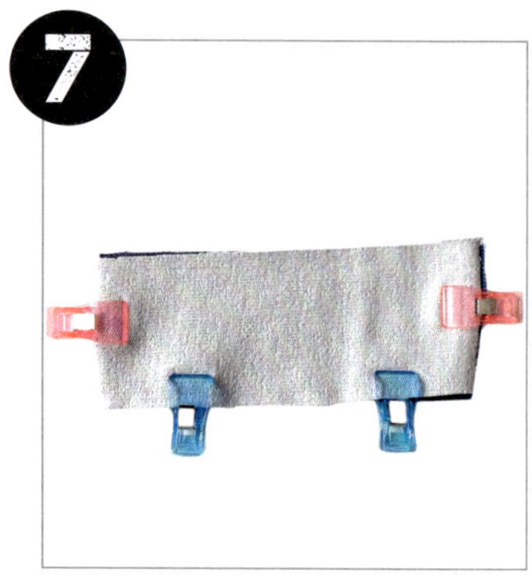

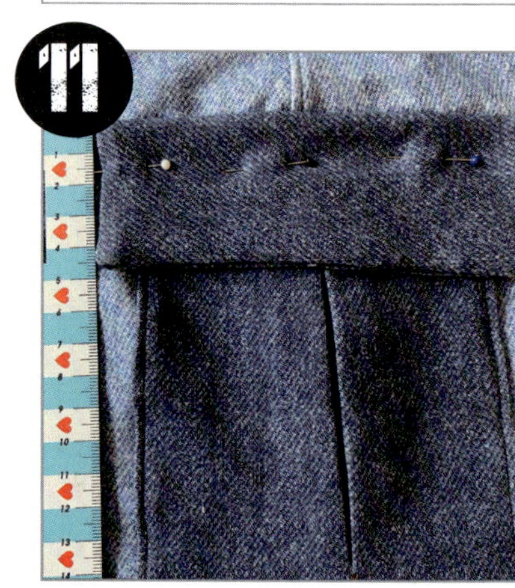

HOSENTASCHE MIT SICHTBARER NAHT

1 Hinteren Taschenbeutel und Tascheneingriffbündchen zweimal gegengleich zuschneiden. Auf dem vorderen Hosenteil den Eingriff in der gewünschten Größe zuschneiden.

2 Bündchen der Länge nach mittig falten.

3 Bündchen mit den offenen Kanten und etwas gedehnt an den Tascheneingriff stecken und mit der Overlock oder einem Zickzackstich annähen.

4 Die Naht von rechts knappkantig absteppen.

5 Die lange Seite der Taschenbeutel mit der Overlock versäubern.

6 Taschenbeutel mit der rechten Stoffseite auf der linken Stoffseite des Hosenteils platzieren und feststecken. Die rechte Stoffseite der Hose liegt unten; genäht wird auf der linken Stoffseite der Hose.

7 Taschenbeutel entlang der Versäuberungsnaht annähen. Du kannst dafür auch einen Zierstich und Garn in Kontrastfarbe in der Unterspule verwenden.

8 Von vorn ist die Naht gut sichtbar.

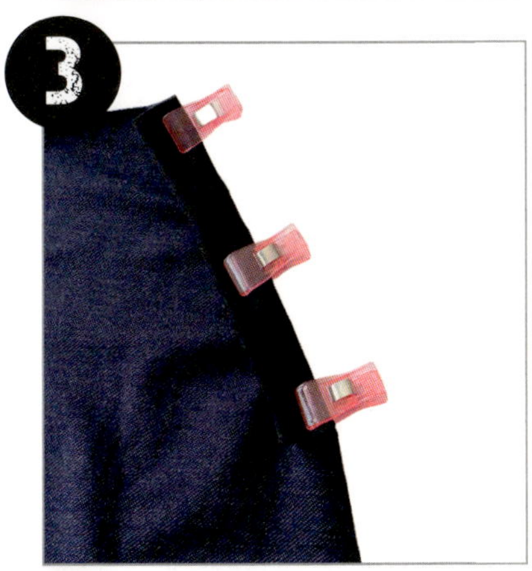

HOSENTASCHE OHNE SICHTBARE NAHT

1 Vorderen und hinteren Taschenbeutel sowie Tascheneingriffbündchen je zweimal gegengleich zuschneiden. Es liegen nun vier Taschenbeutelzuschnitte und zwei Bündchen vor.

Tipp
Du kannst statt Bündchen auch eine Paspel annähen. Ohne Bündchen werden die Tascheneingriffe etwas größer.

2 Bündchen oder Paspel r-a-r an den Tascheneingriff stecken.

3 Taschenbeutel mit Eingriffkante r-a-r auf das vordere Hosenteil stecken. Bündchen bzw. Paspel liegt zwischen Taschenbeutel und Hosenteil. Die Stofflagen mit etwas Zug auf dem Bündchen zusammennähen.

4 Den Taschenbeutel auf die linke Seite umklappen. Das Bündchen knappkantig absteppen.

5 Die Hose liegt auf links. Den zweiten Taschenbeutel r-a-r auf den bereits angenähten Beutel stecken und die Beutel zusammennähen.

6 Von vorn sind keine Nähte sichtbar. Stecke zum Weiternähen die oberen und seitlichen Kanten mit Klammern fest, damit nichts verrutscht.

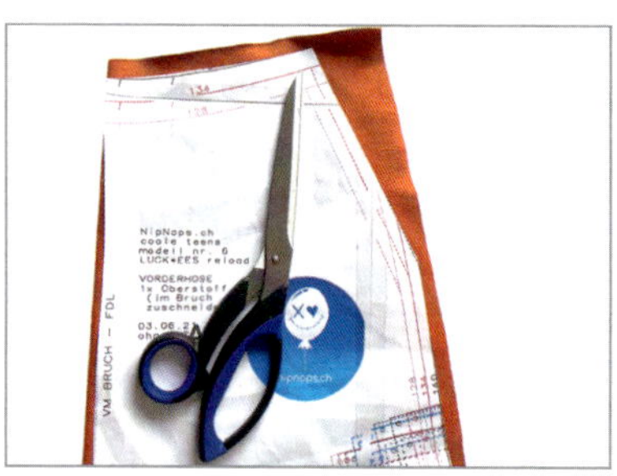

Hinweis
Wenn du die Bux*ee ohne seitliche Eingrifftaschen nähen möchtest, wird das vordere Hosenteil ohne die Eingriffe zugeschnitten.

Alternativ kannst du die Kangoo-Tasche auf das vordere Hosenteil nähen. Für einen XL-Look kannst du sie auch einige Größen größer zuschneiden, z. B. die Tasche in Größe 164 bei einer Hose in Größe 146.

KONISCHE BÜNDCHEN

Die konischen Bündchen werden parallel zum Fadenlauf mit leicht gewölbten Seiten zugeschnitten. Beim Bauchbündchen ist zu empfehlen, bei schmalen Kindern eine Größe kleiner zuzuschneiden. Die Saumbündchen an Armen und Beinen können gut umgekrempelt und somit über ein paar Größen getragen werden.

KONISCHE BEINBÜNDCHEN

1 Bündchen mit 1 cm Nahtzugabe zweimal gegengleich zuschneiden. Bündchen längs r-a-r falten.

2 Die gewölbten Seiten des Bündchens aufeinanderlegen und entlang des Maschenlaufs mit einem Geradstich oder der Overlock zusammennähen.

3 Den Bündchenschlauch l-a-l mittig ineinanderschieben, sodass die offenen Kanten aufeinandertreffen.

4 Bündchen mithilfe von Klammern vierteln. Bei der Hose vordere und hintere Mitte markieren.

5 Das Bündchen r-a-r über den Saum schieben und feststecken. Die beiden Seitennähte an die Schritt- und Seitennaht der Hose stecken. Die Klammern zwischen den Nähten treffen auf die vordere und hintere Mitte des Hosenteils. Wo Nähte aufeinandertreffen, eine Nahtzugabe nach links, die andere nach rechts legen. Bündchen mit der Overlock oder mit Zickzackstich annähen. Geh beim Annähen abschnittweise vor und dehne dabei nur das Bündchen, nicht den Stoff.

6 Die Fadenraupe der Overlocknaht nun mit einer Nadel 4 cm durch die Naht ziehen und abtrennen. Nach Wunsch die Naht knappkantig mit Dreifachgeradstich absteppen.

7 Die Ärmel- bzw. Beinbündchen sind lang genug, damit man sie umkrempeln und die Hose somit über zwei Größen getragen werden kann.

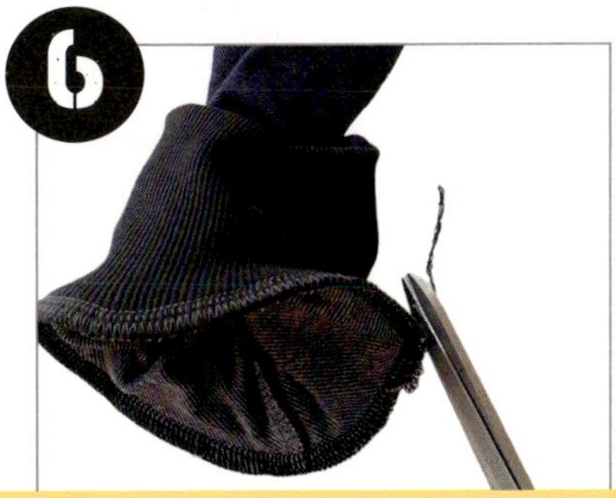

KONISCHES BAUCHBÜNDCHEN

1 Das konische Bauchbündchen zweimal gegengleich mit 1 cm Nahtzugabe zuschneiden. Beide Bündchenteile r-a-r legen und an den Seiten zusammennähen.

2 Das Bündchen l-a-l mittig ineinanderschieben, mithilfe von Klammern vierteln und gleichmäßig an den Hosenbund stecken. Dabei treffen die Seitennähte des Bündchens auf die Seitennähte der Hose. Die Klammern zwischen den Nähten treffen auf die vordere bzw. hintere Mitte der Hose.

3 Die Oberkanten von Eingrifftaschen – falls vorhanden – mit feststecken und beim Annähen des Bündchens mitfassen.

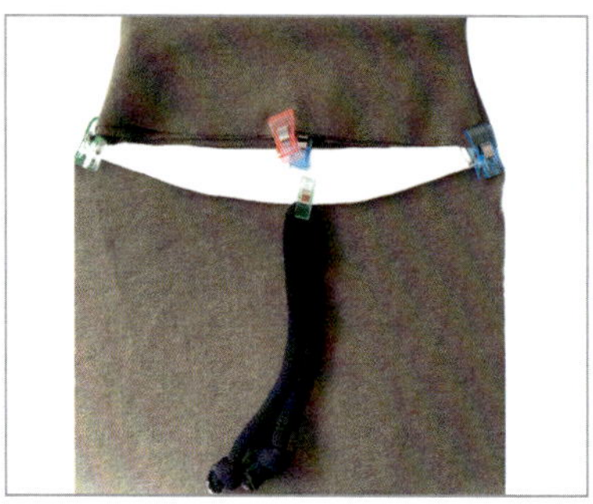

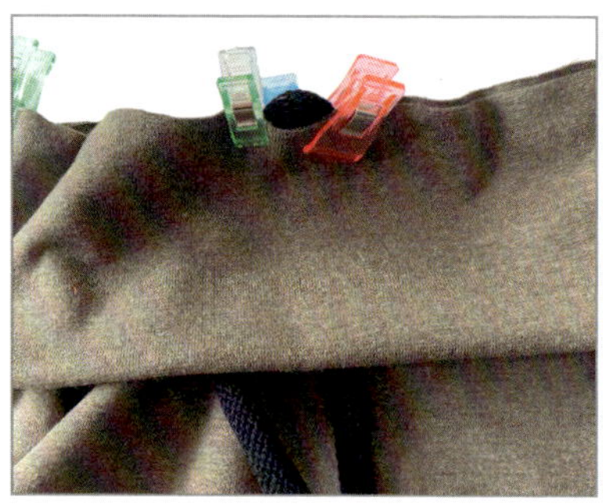

Tipp
Für eine Fake-Kordel vor dem Annähen des Bündchens ein 20 cm langes Kordelstück halbieren, auf die vordere Mitte der Hose stecken und mit einigen Geradstichen in der Nahtzugabe fixieren. Anschließend den Bund annähen.

GERADE BÜNDCHEN

1 Bündchen im Stoffbruch zuschneiden. Die kurzen Seiten r-a-r zusammennähen, um das Bündchen zum Ring zu schließen.

Tipp
Die Bündchen kannst du mit der Overlock nähen, jedoch wird die Naht dann recht dick. Besonders bei Kragenbündchen ist es besser, mit dem Geradstich zu nähen, damit die Naht flach wird. Bei dehnbaren Stoffen wie Bündchenstoff kannst du mit dem Geradstich genau im Maschenlauf nähen.

2 Die Nahtzugaben auseinanderbügeln oder einkürzen.

3 Bündchen mittig falten, an den Nähten festhalten und auf rechts stülpen. Jetzt liegen die Nähte genau aufeinander und es gibt keine störenden Knubbel.

4 Bündchen mithilfe von Klammern vierteln.

5 Das Kleidungsstück liegt auf rechts. Bündchen r-a-r auf den Saum stecken und annähen. Achte darauf, dass die Nähte aufeinandertreffen. Geh beim Annähen abschnittweise vor und dehne dabei nur das Bündchen, nicht den Stoff.

6 Beim Pullisaum trifft die Bündchennaht auf die hintere Mitte des Kleidungsstücks.

7 Die Bündchennaht nach Wunsch mit Dreifachgeradstich knappkantig absteppen.

Tipp
In den Rundungen die Bündchen mit gleichmäßigem Zug gedehnt annähen. An geraden Strecken genügt eine leichte Dehnung.

DIE BÜNDCHENLÄNGE BERECHNEN

Die Längen der Bündchenschnittteile sind mit Einhalteweite für Bündchenstoff gradiert (0,7 x die Saumlänge), da Bündchenstoff sehr dehnbar ist.

Wenn du ein Bündchen aus Jersey oder Sweat nähen möchtest, musst du die Bündchenlänge anpassen, da die beiden Stoffe weniger dehnbar sind als Bündchenstoff. Berechne die Bündchenlänge folgendermaßen:

Jersey: Bund- oder Saumumfang x 0,8
Sweat: Bund- oder Saumumfang x 0,9

BUND MIT GUMMIZUG

Die coole Bux*ee kannst du auch mit einem Bund aus Oberstoff in Kombination mit einem 2,5–3 cm breiten Gummiband nähen. Das Schnittteil findest du ebenfalls auf dem Schnittmusterbogen. Schneide das Gummiband je nach Elastizität zehn bis 20 Prozent kürzer zu als den Hosenbund ohne Nahtzugabe und gib 2–5 cm Nahtzugabe zu. Ist der Gummi sehr dehnbar, schneidest du ihn etwas kürzer zu. Prüfe die Länge am besten am Kind, damit der Bund später gut sitzt. Die große Nahtzugabe ist hilfreich, damit man das Gummiband anpassen kann.

1 Die Mitte einer kurzen Bündchenkante markieren. Die kurzen Bündchenkanten r-a-r legen und bis zur Mitte (Markierung) mit einem Geradstich zusammennähen. Das Nahtende verriegeln.

2 Die Nahtzugaben (auch entlang der nicht genähten Strecke) umklappen und flach bügeln.

3 Das Bündchen längs mittig falten; die offenen Kanten treffen auf die geschlossene Seitennaht. Alles gut feststecken.

4 Das Bündchen mithilfe von Klammern vierteln und r-a-r an den Hosenbund stecken. Die Naht trifft auf die hintere Mitte des Hosenteils. Die gegenüber liegende Klammer wird auf der vorderen Mitte, die Klammern dazwischen werden auf der Schritt- bzw. Seitennaht der Hose festgesteckt.

5 Das Bündchen mit einem Geradstich fixieren, dabei darauf achten, dass die losen Enden genau nebeneinanderliegen. Anschließend den Bund mit der Overlock annähen.

6 Das Gummiband mithilfe einer Sicherheitsnadel durch den angenähten Bund ziehen.

7 Die Gummibandenden 2–5 cm übereinanderlegen, die Weite des Gummibands am Kind ausmessen und ggf. anpassen. Die Enden zusammennähen.

8 Die Öffnung im Bund von Hand schließen oder offen lassen.

ÖSEN UND KORDELN

Für Extrahalt kannst du an Hosen eine Kordel einziehen. Beachte, dass eine lose Kordel bei kleineren Kindern wegen der Strangulationsgefahr nur kurz zugeschnitten werden und sicherheitshalber mit einer Naht am Bund fixiert werden sollte. An den Öffnungen im Bund kannst du Ösen anbringen. Der Stoff sollte an diesen Stellen mit Wonder Dots oder Bügeleinlageresten verstärkt werden.

1 Das Bündchen auf links legen, die Mitte markieren. Wenn das Bündchen im Bruch zugeschnitten wurde, kannst du dich an der Bruchkante orientieren. Links und rechts der vorderen Mitte auf den Ösenpositionen Wonder Dots oder Bügeleinlage mit mindestens 1,5 cm Abstand zur unteren Kante aufbügeln.

2 Die Ösen nach Herstelleranleitung mittig an den verstärkten Stellen anbringen.

3 Das Bündchen r-a-r an den kurzen Kanten zusammennähen.

4 Das Bündchen auf rechts wenden und mithilfe von Klammern vierteln.

5 Das Bündchen an den Hosenbund stecken, sodass die beiden Ösen genau links und rechts der vorderen Mitte liegen. Das Bündchen annähen, dabei die oberen Kanten der Taschen mitfassen.

6 Die Kordel mithilfe einer Sicherheitsnadel durch die Ösen in den Bund ziehen. Bei kleineren Kindern die Kordel mit einem Geradstich auf der hinteren Naht fixieren. Da sich in dem Fall mit der Kordel nicht mehr die Weite regulieren lässt, empfiehlt es sich, zusätzlich ein Gummiband einzuziehen (bevor die Kordel auf der hinteren Naht fixiert wird).

7 Die Kordelenden kannst du mit einem Rest Stoff, Jeansstoff oder Leder versäubern. Dazu den Stoffrest um das Ende der Kordel legen, ggf. mit etwas Klebstoff fixieren und um das Kordelende annähen. Den überstehenden Stoff bis zur Naht kürzen.

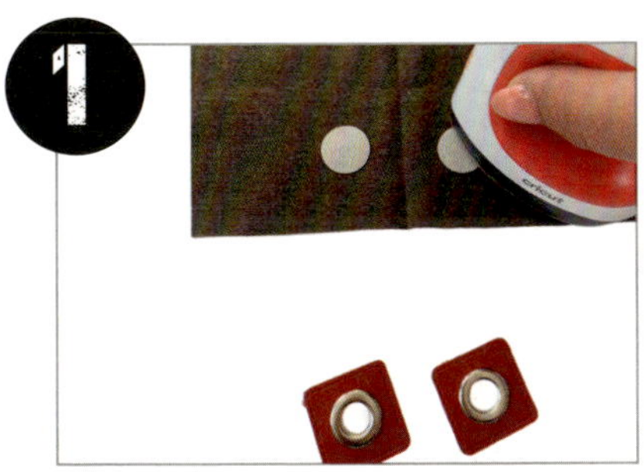

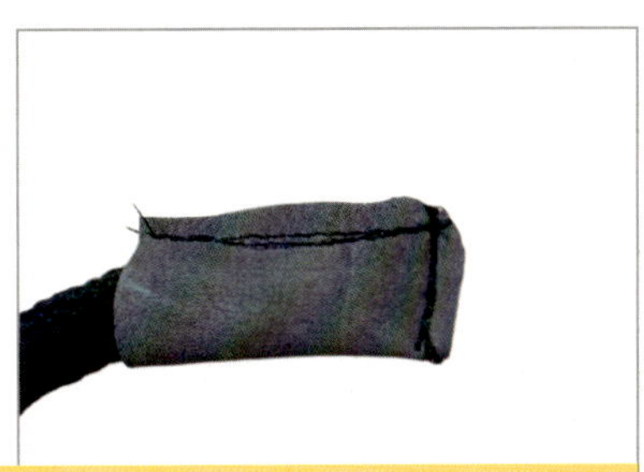

FAKE-KNOPFLEISTE

An die coole Bux*ee kannst du eine Fake-Knopfleiste annähen. Sie hat keine Funktion, sieht jedoch sehr hübsch aus und verleiht der Hose einen Hingucker. Die Knopfleiste eignet sich gut, um Stoffreste zu verarbeiten.

1 Die Knopfleiste mit 1 cm Nahtzugabe zweimal gegengleich und einmal aus Bügeleinlage ohne Nahtzugabe zuschneiden. Die Bügeleinlage auf die linke Stoffseite eines Knopfleistenteils bügeln.

2 Die schräge Seite der Knopfleiste kannst du entweder links oder rechts der vorderen Mitte platzieren.

3 Die Knopfleistenteile r-a-r mit einem Geradstich an den drei geraden Kanten zusammennähen. Die obere, schräge Kante bleibt als Wendeöffnung offen.

4 Die Nahtzugaben kürzen und an den Ecken abknipsen, damit es nach dem Wenden keine unschönen Knubbel gibt.

5 Die Knopfleiste auf rechts wenden und die Ecken mit einem Kantenformer gut ausformen.

6 Die Leiste auf dem Hosenteil platzieren. Du kannst sie links oder rechts der vorderen Mitte anbringen. Die Knöpfe in gleichmäßigem Abstand auflegen, der erste Knopf sollte mindestens 2,5 cm unter der Bundkante der Hose sitzen.

7 Die Knöpfe mit Klammern fixieren und entweder von Hand oder mit der Nähmaschine annähen.

8 Die Leiste an den Seiten- und der Unterkante annähen; die obere Kante (Wendeöffnung) wird beim Annähen des Bauchbündchens mitgefasst.

ZWICKEL

Bei den Modellen All-in-One*see und Latz*ee empfiehlt es sich, einen Zwickel in den Schritt zu nähen, damit die Bewegungsfreiheit nicht eingeschränkt wird und der Schritt unter der starken Belastung reißt. Auch die coole Bux*ee kannst du mit Zwickel nähen, jedoch fällt die Hose schöner ohne den Einsatz im Schritt. Den Zwickel kannst du auch nach Fertigstellung des Modells nachträglich noch einnähen; dazu ist es allerdings erforderlich, die Schrittnaht ein wenig aufzutrennen.

1 Den Zwickel einmal aus Oberstoff mit 1 cm Nahtzugabe zuschneiden.

2 Den Zwickel r-a-r mit der unteren Kante bündig entlang des Schritts aufs Vorderteil der Hose legen und dort mit dem Dreifachgeradstich annähen.

3 Das Bein mit dem angenähten Zwickel nach oben zum Bund hin legen, sodass die andere Hälfte des Zwickels auf das zweite Hosenbein trifft. Die zweite Kante des Zwickels annähen, sodass sich die Nähte in der Mitte treffen.

4 Die Nahtzugaben einige Male einknipsen, damit sich der Zwickel besser in die Rundung legt.

5 So sieht es von vorn aus. Du kannst die Naht auch nach hinten legen und knappkantig absteppen.

6 Das hintere Hosenteil r-a-r aufs Vorderteil legen und an den Schrittkanten bzw. offenen Zwickelkanten gleichmäßig mit Klammern fixieren.

7 Die Schrittnaht in einem Arbeitsgang mit der Overlock schließen.

8 Die Naht anschließend nach Wunsch mit einem Geradstich knappkantig absteppen.

Tipp
Die Anleitung findet du im Video zum All-in-One*see (siehe S. 76).

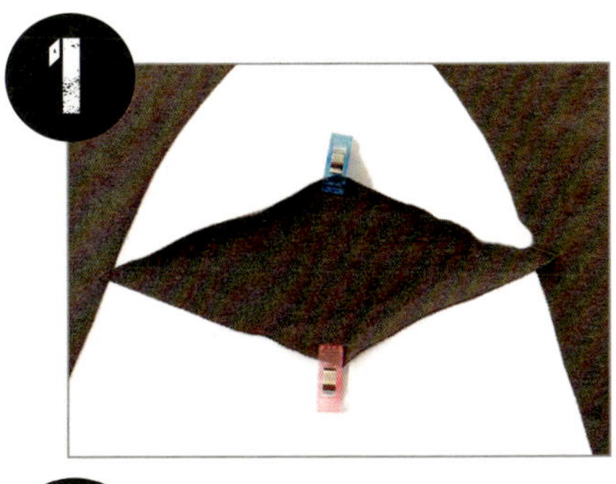

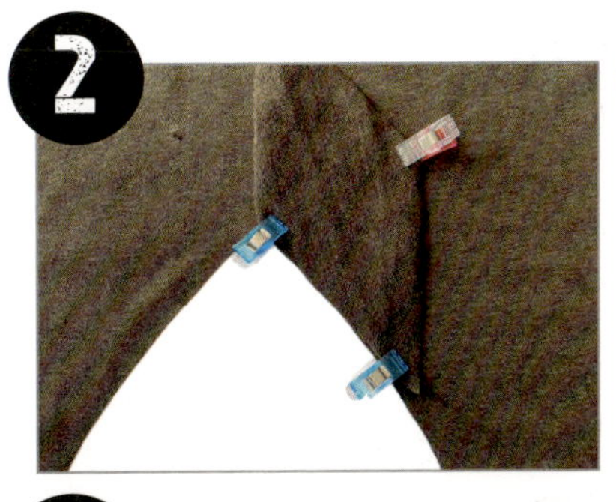

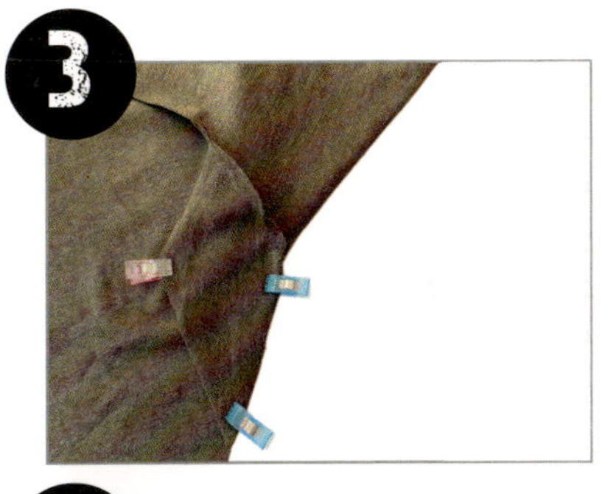

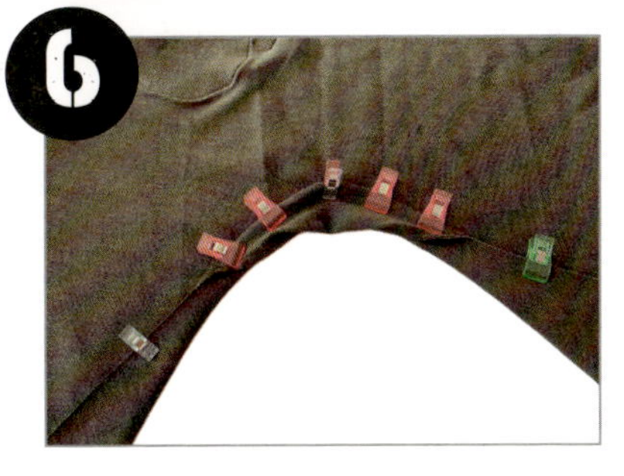

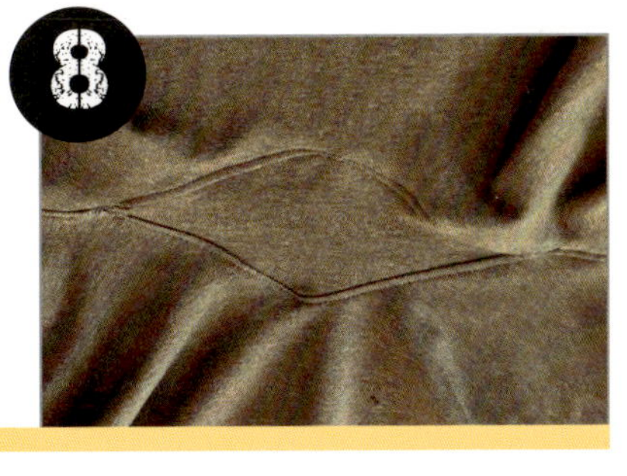

SPORTKAPUZE

Die Sportkapuze kann am Modell Hood*ee, Dress*ee und am Croptop angenäht werden. Sie ist eine Mischung aus hohem Kragen und Kapuze. Die Kapuze ist relativ kurz und reicht nicht über den ganzen Kopf. Sie hängt lässig am Nacken und gibt dem Kleidungsstück einen sehr sportlichen Look.
Da die Kapuze am Steg eher eng anliegt, ist es empfehlenswert, sie nur einlagig mit einem Bündchen zu nähen. Falls du sie zweilagig nähen möchtest, sollte ein dünner Jersey als Futter verwendet werden. Der Oberstoff sollte in jedem Fall dehnbar sein.

Wichtig: Den Halsausschnitt bei der Sportkapuze immer ohne Nahtzugabe zuschneiden und alle Markierungen auf den Stoff übertragen, das hilft später, die Kapuze richtig am Oberteil zu platzieren.

1 Die Sportkapuze und das Sportkapuzebündchen je einmal im Stoffbruch zuschneiden.

2 So sieht die Kapuze aufgeklappt aus.

3 Die Kapuze r-a-r falten und an der langen Kante (Scheitelnaht) zusammennähen. Das Bündchen r-a-r an den kurzen Kanten zum Ring zusammennähen.

4 Die Kapuze auf rechts wenden und das Bündchen mithilfe von Klammern vierteln.

5 Das Bündchen r-a-r auf die Vorderkante der Kapuze stecken. Die Bündchennaht trifft auf die obere Kapuzennaht.

6 Die vordere Mitte wird als Nächstes fixiert, anschließend das restliche Bündchen rundherum gleichmäßig auf den Kapuzenausschnitt stecken. Mit der Overlock oder einem Zickzackstich annähen.

7 Zum Schluss die Sportkapuze ans Oberteil nähen.

ZWEILAGIGE SPORTKAPUZE

1 Die Sportkapuze zweimal im Stoffbruch zuschneiden, einmal aus dehnbarem Oberstoff und einmal aus dünnem Jersey als Futter. Ein Bündchen ist nicht notwendig.

2 Die beiden Kapuzenbelege r-a-r falten und an der langen Kante (Scheitelnaht) zusammennähen. Eine Kapuze auf rechts wenden und r-a-r in die andere stecken.

3 Die Nähte aufeinanderlegen und fixieren und die beiden Kapuzen am Ausschnitt gleichmäßig aufeinanderstecken. Die Teile mit der Overlock oder einem Zickzackstich zusammennähen.

4 Die Kapuze auf rechts wenden und die innere Kapuze in die Außenkapuze schieben. Hier könnten nun Ösen und Kordeln angebracht werden (siehe S. 53).

5 An der Unterkante der Kapuze markierungsgemäß in der vorderen und hinteren Mitte und an den Schultern Klammern anbringen.

6 Die hintere Kapuzennaht r-a-r in der hinteren Mitte an den Halsausschnitt des Kleidungsstücks stecken.

7 Die ganze Kapuze über das Oberteil stülpen und die offenen Kanten zusammengefasst an allen Markierungen r-a-r feststecken.

8 Die Kapuze annähen. Die Naht nach Wunsch mit einem Dreifachgeradstich knappkantig absteppen.

VORN ÜBERKREUZTE KAPUZE

Die Kapuze kann am Modell Hood*ee, Dress*ee und am Croptop angenäht werden, ebenso am Raglan-Tee (separater Schnittbogen). Die überkreuzte Kapuze wird zweilagig genäht. Als Futterstoff solltest du dünnen Jersey verwenden, damit sie nicht zu wuchtig wird. Du kannst die Kapuze mit Ösen nähen und eine Kordel einziehen. Die Kordel sollte bei kleineren Kindern wegen der Strangulationsgefahr mit einer Naht an der Kapuzennaht fixiert werden und die losen Enden sollten nur sehr kurz sein.

Wichtig: Alle Markierungen auf den Stoff übertragen, das hilft später, den Kragen richtig zu platzieren.

1 Die Kapuzenteile jeweils zweimal gegengleich zuschneiden, einmal aus dehnbarem Oberstoff und einmal aus dünnem Futterstoff (Jersey). Die Teile jeweils r-a-r aufeinanderlegen und die Scheitelnaht schließen.

2 Die Innenkapuze auf rechts wenden und r-a-r in die Außenkapuze stecken.

3 Die Kapuzen an der vorderen Kante aufeinanderstecken, dabei treffen die Nähte aufeinander. Die Teile an der Vorderkante zusammennähen.

4 Die Kapuze wenden. An der Unterkante markierungsgemäß (vordere und hintere Mitte, Schultern, Überkreuzungspunkte) Klammern anbringen.

5 Wenn du Ösen anbringen möchtest, die Kapuze vorn wie vorgesehen übereinanderlegen und die idealen Positionen der Ösen markieren. Wegen der Überkreuzung liegt eine Öse etwas verschoben. Achte darauf, dass die Ösen einige Zentimeter über der Nahtzugabe liegen.

6 Die Ösen anbringen (siehe S. 53).

7 Eine Kordel einziehen und mit Klammern am Rand befestigen.

8 Einen Tunnel parallel zur Vorderkante nähen. Dabei darauf achten, dass du nicht die Kordel mitfasst. Zur Sicherheit kannst du die Kordel an der oberen Kapuzennaht mit einigen Stichen fixieren.

9 Die Tunnelnaht einige Zentimeter vor dem Kapuzenende auf der Höhe der Ösen enden lassen.

10 Die Kapuze markierungsgemäß auf das Oberteil stecken. Die Klammern helfen bei der exakten Platzierung. Die vordere und hintere Mitte auch am Oberteil markieren.

11 Achte bei der Überkreuzung darauf, dass alle Stoffschichten genau aufeinanderliegen.

12 Die Kapuze vorsichtig annähen. Die Naht nach Wunsch mit einem Dreifachgeradstich knappkantig absteppen.

STREIFENVERSÄUBERUNG AM KRAGEN

Der Kragenausschnitt kann mit einem Jerseystreifen versäubert werden. Beim Modell Card*ee ist dies besonders zu empfehlen, da die Schulterpartie meist offen getragen wird.

1 Einen 2 cm breiten Jerseystreifen in der gewünschten Länge plus jeweils 1 cm Nahtzugabe an den Enden zuschneiden. Den Streifen r-a-r an den offenen Kragenauschnitt stecken.

2 Die Nahtzugaben an beiden Enden nach innen falten.

3 Die ganze Kragennaht in einem Arbeitsgang schließen.

4 Den Streifen einmal bis zur Naht und dann noch einmal um die Naht falten.

5 Den Streifen gleichmäßig feststecken. Die Nahtzugabe an den Streifenenden ist nach innen geklappt.

6 Vor dem Annähen kannst du einen Aufhänger und/oder ein cooles Label zwischen die Stofflagen schieben.

Hinweis
Als Aufhänger kannst du eine Jerseynudel verwenden. Dazu einen 3 cm langen Jerseystreifen quer zum Fadenlauf zuschneiden und auseinanderziehen. Der Jersey rollt sich danach zu einer Nudel zusammen.

7 Den Streifen mit einem Geradstich annähen. Das Garn in der Spule sollte dieselbe Farbe wie der Oberstoff haben, da man auf dem Rückenteil eine Naht parallel zur Kragennaht sehen wird.

1

2

3

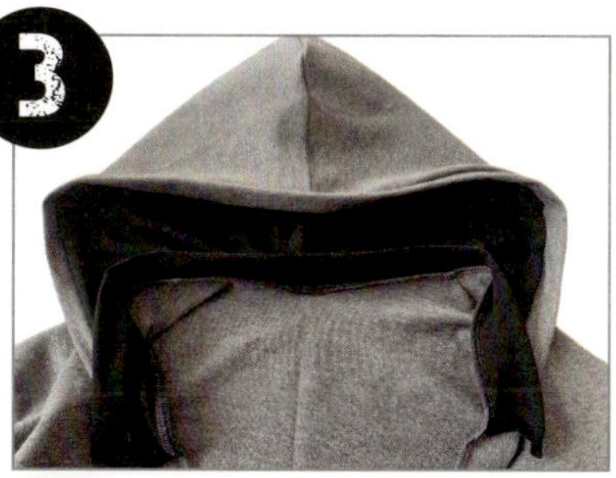

4

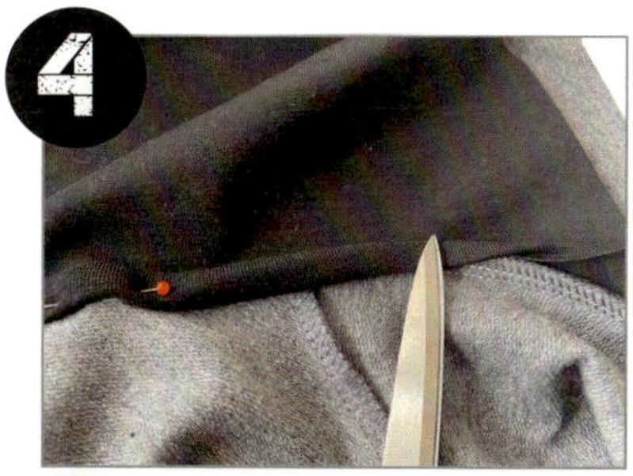

5

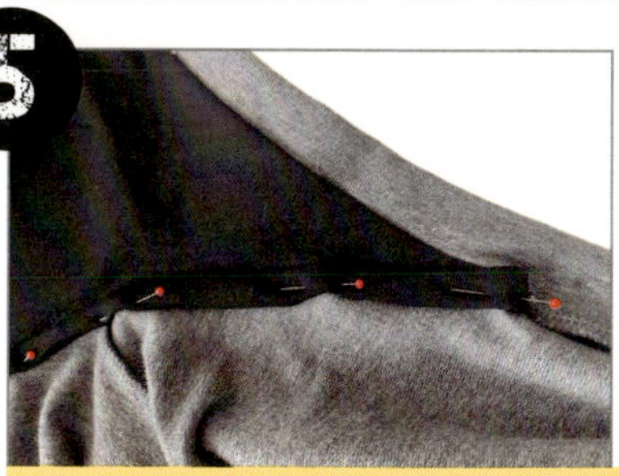

6

7

BUCHEMPFEHLUNGEN FÜR DICH

Weitere Inspirationen zum gleichen Thema gesucht?
Hier wirst du fündig:

ISBN 978-3-7724-4881-2

ISBN 978-3-7724-6882-7

ISBN 978-3-7724-6883-4

ISBN 978-3-7724-6888-9

ISBN 978-3-7724-6865-0

ISBN 978-3-7724-6891-9

ISBN 978-3-7724-4880-5

ISBN 978-3-7724-4877-5

ISBN 978-3-7724-4835-5

ISBN 978-3-7724-6855-1

ISBN 978-3-7724-4863-8

ISBN 978-3-7724-4867-6

ISBN 978-3-7724-4818-8

ISBN 978-3-7724-4841-6

ISBN 978-3-7724-8176-5

ISBN 978-3-7724-6991-6

Viele weitere Kreativ-Bücher findest du auf www.TOPP-kreativ.de

Weitere Ideen zu den verschiedensten kreativen Techniken findest du in diesen Titeln:

ISBN 978-3-7724-6889-6

ISBN 978-3-7724-6864-3

ISBN 978-3-7724-4876-8

ISBN 978-3-7724-6853-7

ISBN 978-3-7724-6858-2

ISBN 978-3-7724-6885-8

ISBN 978-3-7724-4865-2

ISBN 978-3-7724-6851-3

ISBN 978-3-7724-4840-9

ISBN 978-3-7724-4848-5

ISBN 978-3-7724-6846-9

ISBN 978-3-7724-4833-1

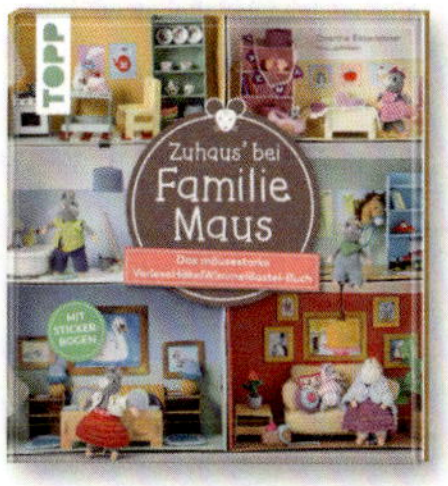

ISBN 978-3-7724-4822-5

ISBN 978-3-7724-4825-6

ISBN 978-3-7724-6840-7

ISBN 978-3-7724-6841-3

DANK

Ich möchte mich natürlich in erster Linie bei meiner Familie bedanken: meinen beiden Töchtern für die Inspirationen, meinem lieben Mann für all die Unterstützung und meiner Katze für die beruhigenden Schmusestunden. Ohne die Unterstützung und Inspiration meiner Liebsten wäre dieses Buch nicht zustande gekommen.

Ein großes Dankeschön geht auch an meine supercoolen Models, die bei 35 Grad im Schatten in Hood*ee, langer Bux*ee, Bean*ee und Schal posieren mussten und es wie Profis gemeistert haben. Auch an meine supertalentierte Fotografin Carmen und ihre Assistentin Madeleine, die meine Gedanken lesen können, ein riesiges „Thank you“.

Natürlich geht auch ein Riesendankeschön an die liebe Martina von Textile Schnittstelle, die schon von Anfang an alle meine Gedankensprünge und Zeichnungen in perfekte Schnittbilder digitalisiert und diese perfekt gradiert.

Ebenfalls möchte ich mich bei meiner Probenäh-Crew von Herzen bedanken. Die Modelle wurden bei Sommerhitze auf Herz und Nieren getestet, bis alles einwandfrei saß. Ich bedanke mich bei jeder Einzelnen von euch für all den Support, das Feedback und natürlich die wunderschönen Probenähbeispiele, die man auf dem Nipnaps-Blog betrachten kann. Ein wahrer Inspirationsbrunnen. Danke an:

Anita Ionita (@ionita_handmade), Lisa Osis (@lieblingspinguin), Jennifer Hasani (@lu.le.li_made_with_love), Kristin Rebal (@jokrusty), Christine Hummer, Karin Hachen (@karinhachen), Nadin Widerkehr (@art_by_lenalu), Nina Bozic (@MutterTochterLiebe), Dagmar Arpagaus (@tanteemma.ch), Maja Quaas (@kleinestragbares), Signe Dragone (@signite), Melanie Krauss (@alfiriel_1980), Janine Nielsch (@Rock_n_Jani), Angelina Sann (@milino), Bettina Scholz (@schol_zie_bienchenstich), Brigitte Maissen (@Einzigartigbybrigittemaissen), Marion Berh (@masa.meri), Silke Bagus (@lahatoja_maju), Mandy Güth (@meinmilenchen), Heike Heindel (@mainstofflove), Anna-Katharina Stovesand (@Erdnuckelallesselbstgemacht), Conny Schulze (@blaubeerwaeldchen), Ines Hengstler (@verliebtundzugenäht), Carolin Holzheu (@Tinilenchen), Bella Dreier (@lovebella), Mandy Geierhos (@naehmalwieder), Martina Schmalz (@luiundlev), Angelika Götz (@josephin.love.de), Ines Rauwald (@MainKind), Pia Paulitsch (@pias_photographie_design), Dörthe Müller (@Annekke's World), Andrea Rufer-Leu (@littlejoy.ch), Silvia Joller (@silvia_joller), Lena Strauch (@kauderwelschbylilalolli), Jana Schubert (@MaralyschtrifftKajola)

Zuletzt geht noch ein Riesendankeschön an meine Sponsoren Swafing, Hilco und Buttinette für die wunderschönen Stoffe. Besonders auch an die liebe Amelie Anderl von Amy und Luke Stoffe (https://amyundluke.com), welche die Nipnaps-Designs in Deutschland vertreibt.
Danke auch an Bernina Schweiz für die Benutzung der ultracoolen L850 Overlocker, ein Traum!
Ein weiteres Dankeschön geht an die Bike-Halle.ch und das CU-Areal Uetikon für die coole Location.
Ein letztes Dankeschön geht an den frechverlag, besonders an Claudia, die mir diese Chance ermöglicht hat, an Tine, die all meine Schweizer Grammatikfehler beheben konnte, und an Tatjana, die genau meinen Style visualisiert hat.

THANK YOU

Love, Tanja xoxo

DIE AUTORIN

TANJA HILTEBRAND

Tanja Hiltebrand lebt mit ihren beiden Töchtern direkt am Zürichsee in der Schweiz. Ihre Kindheitsjahre verbrachte sie in Kairo und Hong Kong. Nach dem Abiturabschluss in Hong Kong studierte sie in London Fotografie und arbeitete einige Jahre als Booker in einer renommierten Londoner Modelagentur. Mit ihrer einjährigen Tochter kehrte sie nach 10 Jahren Grossbritannien zurück in die Schweiz, wo sie weiterhin in der Fashionbranche arbeitete. 2015 gründete sie das Label „NipNaps“ (Kleinigkeiten). In ihrem Atelier entwirft sie coole, zeitlose Schnittmuster für Groß und Klein sowie grafische Stoffdesigns. Der Style ist lässig, locker und vor allem gender-neutral. Über die Leidenschaft zum Nähen, zur Fotografie und die ständig wachsende Anzahl an Schnittmustern und neuen Stoffen berichtet sie unter **www.nipnaps.ch.**

IMPRESSUM

FOTOS: frechverlag GmbH, 70499 Stuttgart, Carmen Brockhammer, Dunningen http://c-brockhammer.de/, Steps: Tanja Hiltebrand
Schnittdirektrice: Textile Schnittstelle, Martina Wüthrich, Zürich (https://textileschnittstelle.com/)
PRODUKTMANAGEMENT: Claudia Mack
LEKTORAT: Christine Schlitt, Worms
UMSCHLAG-DESIGN UND INNENLAYOUT: Tatjana Weiß
GESTALTUNG: FSM Premedia GmbH & Co. KG
DRUCK: Neografia, Slowakei

2. Auflage 2022

ISBN 978-3-7724-6881-0
Best.-Nr. 6881

Wir danken folgenden Firmen für die Unterstützung und Bereitstellung von Materialien:
Bernina AG (https://www.bernina.com), buttinette Textil-Versandhaus GmbH (https://basteln-de.buttinette.com), Swafing GmbH (https://swafing.de/), Amy und Luke (https://amyundluke.com/)